日本と世界の課題 2024

新しいシステムを模索する

公益財団法人NIRA総合研究開発機構 編

時事通信社

Bird's-Eye View
136人の識者の意見を俯瞰する

Contents

世界は、流動化する国際情勢を
どう見極め、何に備えるべきなのか。
日本は、少子高齢社会が深刻となる中、
これからのグランドデザインを
どう描くべきか。
日本と世界の未来に向けて、
136名の専門家が語る。

II

日本と世界の
「現在地」を知る —— 028

III

次世代の
幸せにつながる社会 —— 046

IV
多様性を実現する —————— 058

V
VUCAの時代の
学びと仕事 —————— 066

VI
イノベーションを促す
——仕組み、経営、学術 —— 078

VII
深化する
DXとAIの活用 —— 096

VIII

未来の先駆者、
地域の取り組み ———— 108

IX

不透明さ増す国際情勢 ———— 124

日本と世界
の課題 2024
新しいシステムを模索する

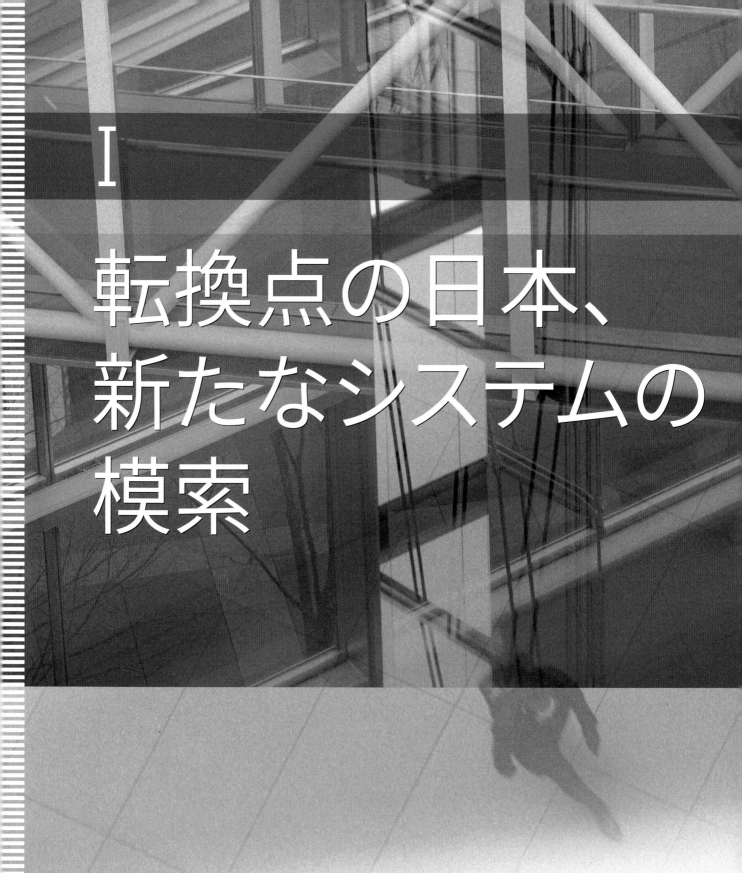

I

転換点の日本、新たなシステムの模索

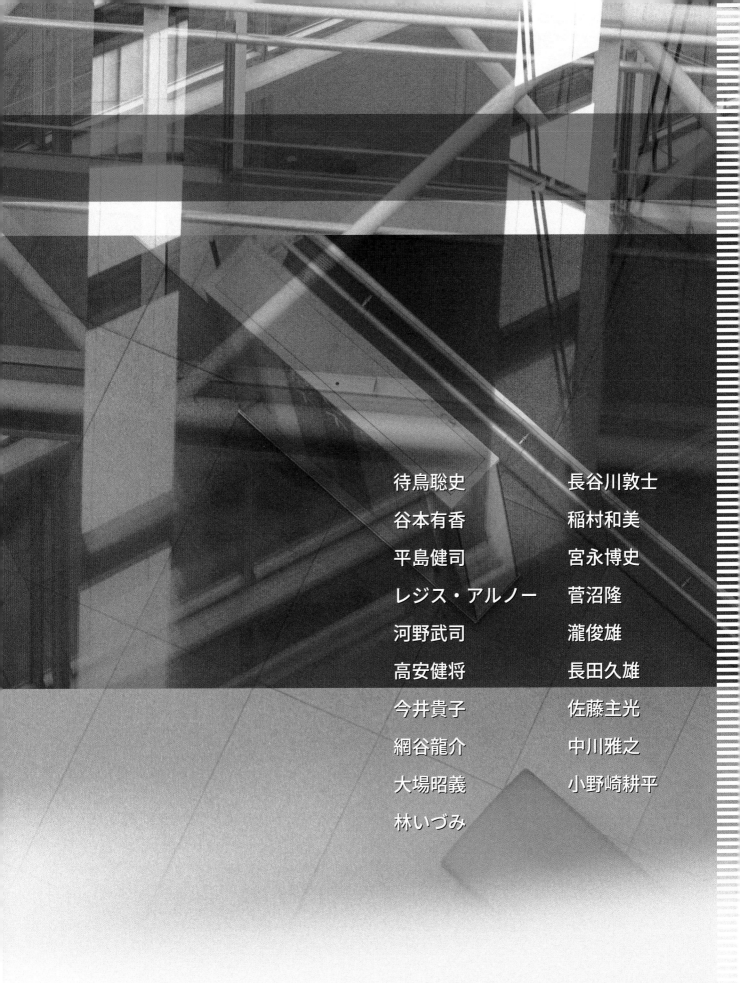

待鳥聡史　　　　長谷川敦士

谷本有香　　　　稲村和美

平島健司　　　　宮永博史

レジス・アルノー　菅沼隆

河野武司　　　　瀧俊雄

高安健将　　　　長田久雄

今井貴子　　　　佐藤主光

網谷龍介　　　　中川雅之

大場昭義　　　　小野崎耕平

林いづみ

01 「今後30年」の構想を語れ

待鳥聡史 MACHIDORI Satoshi
京都大学大学院法学研究科教授

2022年のロシア・ウクライナ戦争、23年の中東紛争は、10年代後半から既に始まっていた国際秩序の変容を、誰の目にも明らかなものにした。冷戦終結後の1990年代から続いた、グローバル化と民主化を基調とする国際秩序は転換しつつある。

次にはどのような時代が来るのか。2020年代からの30年間の国際秩序を特徴づけるのは何なのか。まだ確たることが分からないだけに、広い視野からの将来展望と構想力が求められている。

今後の30年は、日本にとっても正念場となる。高齢化がピークに達し、社会保障をはじめとする財政負担もそれに並行する。少子化が反転せず、人手不足を補う自動化などで経済の活力を保てなければ、事態はいよいよ深刻になるが、既にその兆しすらある。

世界も日本も、一歩間違えば重大な危機に陥りかねない転換点に立っている。しかし、日本の政治がそれを直視しているようには全く見えない。長期の見通しは外れることがあり、リスクを伴う。だからといって見通しを立てないのは、問題を悪化させるだけである。

大事から目をそらしているのは、政治だけではない。社会をリードする立場にあるすべての人が、構想を語り、本気で議論せねばならない。あえてこの言葉を使うなら、それはエリートの責務である。

03 対話を通じた長期的展望を

平島健司 HIRASHIMA Kenji
東京大学名誉教授

近時、コロナ感染の拡大や自然災害の激甚化など、世界はこれまでに経験しなかった問題に相次いで直面してきた。それに加え、ロシアのウクライナ侵攻やパレスチナ自治区とイスラエルとの紛争の激化が国際社会の分断を深め、緊張を高めている。このように過酷さを増す条件の下、日本も他の先進国と同じく政策の対応を迫られてきた。しかし、日本の政治は、少子高齢化や人口減少など社会の構造的変化に後れを取ったままである。長期的展望を見失わずに時局の打開に取り組む姿勢が日本の政治に欠けていないだろうか。

02

コンヴィヴィアリティ時代における
和の体現者として

谷本有香 TANIMOTO Yuka
Forbes JAPAN執行役員 Web編集長

「**食**」ほどその国のエンジニアリングを具現化したものはない」、そんな風に感じることがある。

電子国家として注目されるエストニアを訪ねたとき、スルトゥという伝統料理があることを知った。それは、豚肉や玉ねぎ、人参等の素材を活かしたまま煮込み、ゼラチンで固めたゼリー寄せだ。仏の食文化であるパテのようにすりつぶして複雑化させるわけでもなく、ゼリーという半透明で弾力に富んだ枠組みの中で、1つひとつの素材を十分に活かす。これが他国の人をも電子住民として受け入れる、垣根の柔軟性ある彼の国のあり様を象徴しているように見えた。

では我が国家はどうだろう。和食は、素材本来の持ち味を大切にし、精緻な技術を使いながら立体的に表現していく。また、「混ぜる」ではなく「和える」という言葉を用いる。これはミックスして別のものを作るのではなく、それぞれの違いを尊重しながら、調和をさせるということらしい。

日本は聖徳太子の時代から「和」を尊重してきた。この精神はこの今の時代こそ活きてくるようにも思う。

昨今、コンヴィヴィアリティという言葉が盛んに聞かれるようになった。「自立共生」と訳されたり、「共愉」などとも表現される。マズローの5段階欲求を見ると、テクノロジーの進化により、少なくとも先進国においてはそれぞれの欲求が満たされるようになってきた。この最後の欲求たる「自己実現」の先にある欲望こそがこの「コンヴィヴィアリティ」、つまりは共に喜びを分かち合える社会なのではないか。

そんな社会において、私たちの持つ互いを尊重、協力し合う「和す」精神はこの国内のみならず、混沌を増す世界の中においても一種の調和的な役割を担えるはずである。

さまざまな政策課題に関する情報と分析は、メディアやシンクタンクなどによって活発に発信されるとともに、各省庁の行政活動もインターネットの普及とあいまって広く詳しく公開されるようになった。しかし、それらの発信や広報の多くは、問題の領域や省庁の管轄に沿って仕切られており、それらを束ね合わせただけでは望ましい将来像に結びつかない。単発的な発信や情報の提供を越え、政治の側から社会の多様なステイクホールダーに働きかけて議論を喚起し、双方向の対話を深める仕掛けが求められているように思える。

多元的な主体の間で政治が営まれるドイツが参考にならないだろうか。例えば、現在の大統領府は、学術、政治、文化、経済、市民社会の各界から論者を招き、社会的課題の解決をテーマとして討論を行うフォーラムを民間のシンクタンクの協力を得て設けている。フォーラムを貫くモチーフは、民主主義の将来を見据えた開かれた討論である。現大統領は中道左派政党の出身だが、ここでは党派的立場から離れ、未来の国家と社会を展望する方向へと議論を導く役割に徹している。個別の政策対応の軸となる政治の基本線も、社会との不断の対話の中からこそ生まれるのではないだろうか。

04 世界とさよなら：日本の優雅な凋落

『フランス・ジャポン・エコー』編集長

今日そして明日の世界において、日本の立場はどのようなものだろうか。それは、過去とどのように異なるのか。

20世紀を華々しく締めくくった日本は、エネルギー転換の最先端にいた。1997年、わずか数か月の間に、画期的な京都議定書が調印され、トヨタが真に環境に優しい自動車ではおそらく最大の商業的成功を収めたプリウスを発売した。しかし今日、日本はエネルギー転換を遅らせていると、非難されている。化石燃料施設を自国で開発するだけでなく、税金で賄われるODAを通じて海外にも施設を拡大している。かたやトヨタは、EVに反対するロビー活動を行ったことで、環境保護主義者たちの嫌われ者になってしまった。日本は、工業生産から生じる問題に対しては工業的な解決策を探すしかないという考え方にとらわれているようだ。世界への痕跡を抑えようという考え、つまり、一般の人びとに「もったいない」として知られる哲学は、消えてしまった。他国がプラスチックの使用量を制限するのに対し、日本は、"プラスチク・ゴミを減らす"ことに重点を置く。プラスチック製造が最初に生み出す汚染は問題にせず、放置しているのだ。

20世紀の日本は、ボルトからロケットに至るまで、どんなものでもほぼ完璧に大量生産できる素晴らしい製造大国だった。その優秀さゆえにデジタル革命を軽視し、日本人のデジタル・リテラシーは低いままに閉じ込められてしまっている。中国の子どもたちは、日本を訪れたときに初めて現金に出会う。彼らは生まれてこのかた、母国で硬貨や紙幣を見たことがないのだ。これは特に日本に衝撃を与えている。世界的な人口減少を最初に経験した大国である日本は、デジタル化の最前線に立つべきなのだ。日本のウェブサイトは、日本人以外の人には並外れて使いにくい。楽天、ヤフー、メルカリのような巨大な国内企業は、日本国外ではほとんど存在せず、たいていはグローバルな外資系企業に食い物にされてしまう。

移民に関して日本は、海外の人に日本で働き、日本で生活するよう呼びかける一方で、彼らの滞在が最終的には確実に終わるようにしている。移民に門戸を開いてはいるが、それは湾岸諸国やシンガポールのように、つまり、人口の母集団とは別の部分としてであり、母集団への合流はほぼ望めない。永住資格を得ることをますます難しくし、帰化を非現実的にし、この問題に関する議論をタブーにすることで、長期滞在を思いとどまらせている。同時に、日本人はますます海外で居心地が悪くなっているように見える。国民の英語レベルは向上するどころか、特に若者の間で低下している。日本が世界的な人気を享受し、人々が訪れた

い国ランキングで上位に入り、時には1位になることもある時に、である。

　こうした欠陥があるにもかかわらず、現状維持と同質性を優先することで、他の社会が変化するときにその社会基盤を引き裂くような病とは無縁である。現在、他国が直面している混乱（高い失業率、民族間の衝突、社会運動）を経験することはほとんどなく、うらやましいほどの生活水準を維持している。この無気力が、多くの日本人や外国人から見た日本を、一見幸せな「ガラパゴス島」にしている。しかし、日本が衰退するにつれて、世界的な問題に対する解決策が見出すことができないという、教訓的な物語になっている。

（日本語訳　文責NIRA）

Régis Arnaud, Editor-in-Chief, "France Japon Eco"
Sayonara, world: Japan's graceful decline

What is the position of Japan in today and tomorrow's world? How does it compare to the past?
Japan gloriously exited the 20th century at the forefront of the energy transition. In 1997, a few months apart, the landmark Kyoto Protocol was signed, while Toyota launched the Prius, perhaps the biggest commercial success of a truly environment-friendly car. Today, Japan is blamed for slowing down the energy transition: it not only develops fossil fuels facilities at home, but also expands them, through taxpayers-funded ODA, abroad. Toyota, meanwhile, has become the bete noire of environmentalists for lobbying against EVs. Japan seems trapped in a mindset that can only fathom industrial solutions to a problem coming from industrial production. The idea of limiting its footprint on the world, a philosophy known to the general public as "mottainai", has vanished. Rather than limiting plastic usage, as its peers do, Japan focuses on limiting plastic waste, leaving unchallenged the pollution it created in the first place.

Japan left the 20th century as a fantastic manufacturing power, capable to produce with perfection in near quantity any item, from bolts to rockets. This excellency made him neglect the digital revolution, at its peril, trapping Japanese in digital illiteracy. Chinese children discover cash when they visit Japan; they have never seen coins and banknotes in their home country since they were born. This is particularly hurting Japan: the first big country to experiment a demographic decline that appears global, it should be at the forefront of digitization. Japanese websites are extraordinary clumsy to non-Japanese. Giant domestic companies like Rakuten, Yahoo or Mercari barely exist outside of Japan, and usually end up gobbled up by global foreign players.

As for immigration, while calling on foreigners to work and live in Japan, Japan makes sure that their stay will eventually end. It opens its doors to migrants, but in the form Gulf countries or Singapore do: as separate parts of the population, with almost no hope of joining the other side. It discourages long term stay by making permanent residency increasingly difficult, naturalization unrealistic, and any debate on the issue taboo. At the same time, Japanese people appear increasingly uncomfortable abroad. English level in the population is not improving but dropping, especially among young people. This at a time when Japan enjoys popularity worldwide, figuring high, sometimes number one, in rankings classifying which country people want to visit.

For all its flaws, Japan, thanks to putting priority on status quo and homogeneity, is immune to the ills that rip apart other societies' social fabric as they change. It almost never experiences the convulsion (high unemployment, ethnic clashes, social movements) comparable contemporary societies go through and maintains enviable standards of living. This apathy still makes Japan, in the eyes of many Japanese and foreigners, a seemingly happy "Galapagos island". But as it declines, it becomes a cautionary tale, where solutions to global problems cannot be found.

05 基本的対立軸の再構築

河野武司 KOHNO Takeshi
帝京大学法学部政治学科教授

少子高齢化に伴う将来に対する不安が国民の間に広まっている。負担だけ増えて福祉が削減されていくのではないかという不安である。そのことは内閣支持率や与党である自民党に対する支持率の低下に如実に表れている。自民党の一強多弱とも評される現在の日本の政党システムは、形こそかつての55年体制における自民党の一党優位政党システムと似ている。しかしその内実は大きく変わった。55年体制下においては、「苦しい時の自民党頼り」という言葉もあった。それは自民党の政権担当能力に対する信頼感の表明でもあっただろう。しかし今日における支持率の低下は、自民党の政権担当能力における陰りを国民が敏感に嗅ぎ取った結果であろう。

代議制民主主義の優れた点の1つは、定期的に実施される選挙で政権交代を可能としている点である。確かに選挙は定期的に実施されている。しかし残念なことに政権交代の受け皿となる強力な野党が存在しない。将来に対する不安を一掃できない政治的停滞という現状を打破するに最も有効な手段であるはずの政権交代が不可能というのは、国民にとっての最大の不幸である。

政権交代を実現するには、基本的な対立軸の再構築と、それに伴う政界の再編が必要となる。55年体制下においては保革の対立という基本的対立軸が存在した。しかしそれは東西冷戦の終結によって霧散してしまった。選挙における選択で、個別政策でもなく、支持政党でもないとしたら、最後の砦となるのは基本的対立軸である。新しい基本的対立軸を思い描くことは簡単ではない。それでも筆者としては、高負担・高福祉か低負担・低福祉という対立軸を基本的なものとして挙げたい。そのような対立軸を前提にして、日本の政党システムを二大政党化していき、どちらの政党に政治という未来の選択を任せるかを明確にしていくのである。

政界の再編を図るには、自民党も含めた政党全体のガラガラポンも必要だろう。そのためには政党間の話し合いだけでは埒が明かない。選挙制度を変更することで政界の再編を加速するという制度的な方法もある。現在の衆議院の選挙制度は民意の統合を目的として絶対多数を当選の要件とする小選挙区制に改め、民意の反映のためには参議院は全国一律の阻止条項を規定しない完全比例代表制に改めてはどうだろうか。二院制をとる日本の国会で、権力の分立によるチェックアンドバランスをより実効的なものとするためには、このように選挙制度を異なったものにすることで、衆参の議員の特性を変える必要もある。

06 選挙至上主義の台頭と弊害

高安健将 TAKAYASU Kensuke

早稲田大学教育・総合科学学術院教授

選挙はデモクラシーの要と考えられてきた。しかし、近年、選挙で勝利すれば、憲法や法を含め何者にも拘束されず自由に振る舞うことが許され、社会にある他の権威や存在を蔑ろにしてもよいかのような風潮がみられる。選挙至上主義とでも表現できるかもしれない。

確かに選挙で勝利した候補者なり政党は、当該の共同体にあるさまざまな利益や考え方を統合して、その共同体によるある時点での意思決定を担う。官僚制や既得権益によって自分たちの意思が政治に反映していないと考える人びとにとっては、選挙で選ばれた政治家の正当性は重要である。

しかし、権力を担う人びとは無謬ではない。選挙での勝利は勝者の判断の正しさを担保するものではないし、勝者の言葉が真実であると保証するものでもない。選挙で敗北した野党の見解も有権者の相対多数の支持を得ることはなかったが、それが誤りであるとは直ちには言えない。それゆえに、権力を担う人びとは、社会にある他の声を真摯に受け止め、対話することが求められている。

司法やジャーナリズム、官僚制、研究者そして国際機関などは各々の専門知や収集した情報に基づいて現実に対する理解を示し、時に政府や権力の担い手たちと異なる見解や判断を示すことが当然にある。問題なのは、権力の担い手たちが、選挙で勝利していないことを理由に、そうした社会に存在する他の声や専門知を否定し、攻撃さえする事態がみられることである。権威主義体制への静かな移行は、野党、司法、マスメディアそして専門家への攻撃から始まる。こうした攻撃は、当該の政治社会に萎縮を産み、権力の抑制とより適切な決定を困難にする。そして何より、デモクラシーの基盤を掘り崩す。

選挙は私たちのデモクラシーに不可欠である。しかし、選挙だけでデモクラシーは成り立たない。私たちは選挙で選ばれた代表をも制御しなければならない。代表たちが主張することの是非を判断し、他の選択肢を探り、代表の交代を可能にしなければならない。そうした芽を摘む選挙至上主義は実効的な選挙自体を困難にする危険があることに私たちは注意しなければならない。

07 なぜ今、オポジションなのか

今井貴子 IMAI Takako
成蹊大学法学部教授

オ ポジション、原義は反対、抵抗。政治学では、「政府の行為に異議申し立てをしようとする政治体系内の主体」を指す。まず挙げられるのは野党であるが、本来的には中間組織、社会運動などを幅広く含む。野党というと、近年の日本では、選挙で負けて野に甘んじている集団、政権を批判ばかりしている集団といったネガティヴなイメージがつきまといがちである。

しかし、われわれが民主的であり続けようとするなら、野党は不可欠である。野党は、リベラル・デモクラシーの諸原理、なかでも政治参加の平等

08 政治主導と官僚支配のあいだ

網谷龍介 AMIYA Ryosuke
津田塾大学学芸学部教授

民 主的政治過程がうみだす政策の適切性に注目が集まっている。ある経済学者は、民主体制は権威主義体制よりも経済成長が鈍く、COVID-19による死者も多いと論じたが、権威主義体制のデータの信頼性を考慮すると関係は有意ではないとの反論が向けられ、議論となっている。また、知者の統治 (エピストクラシー) の優位を主張した話題の書も近時翻訳され注目されている (ブレナン『アゲインスト・デモクラシー』勁草書房)。体制の区別やその優劣に関するこの種の議論は、政治的決定の仕組みに注目している。

しかし決定に供される提案を準備する仕組み、そして決定を実施する仕組みもそれと同等以上に重要である。ある研究は、行政機構の質が政策的帰結に影響すると論じる。また市民の体制満足度は行政の質に依存する。実際、COVID-19は各国政府のキャパシティが政策選択を拘束することを露にした。

では行政の質を担保する制度はどのようなものか。近年の比較研究は、民間の管理手法を導入する新しい公共経営 (NPM) 型改革の成果の両義性を明らかにした。ただし伝統的官僚制が優位にあるということではない。政治的統制と (時に権力に苦言を呈すための) 組織的自律性の間での均衡が探られなければならないのである。例えば政治的任用中心の人事制度よりも、内部評価中心の制度が優れたパフォーマンスを示すとされる。また金銭的誘因による官僚の統制の強化は、内在的動機を失わせ質の低下をもたらすという。政治的統制強化はクライエンテリズムの蔓延にもつながりうる。

と公的異議申し立ての自由を体現するからである。政府を批判し、政府から漏れた民意に応じる野党の地位がどの程度保障されているかは、その政治体制が、独裁とデモクラシーの間でどのあたりに位置しているかを示す判断基準となる。

それでは、英国に代表されるような多数決型のデモクラシーで最大野党に求められる役割とは何か。政府を批判し説明責任を追及すること、政府から漏れた民意に応じ、政治が民意から離れないようにすること、政権与党の代替勢力として政党間競争で「強く」あることである。多数決型では、少数派＝野党による権力制御の及ぶ範囲は限られている。だからこそ、多数決型が民主的であるためには、多数派と少数派との間での政権交代が必要とされ、またたとえ政権交代が起きずとも、その現実的な可能性は、権力の座にあるものに自制を促す。それゆえ、たとえば英国では、最大野党と政権党との間の非対称性を軽減するために、様々なポジティヴ・アクションが制度化されてきた。

世界的な選挙イヤーである2024年、まずは私たちの政治システムはどこまで民主的か、そう問い続けたい。

09 老いたる発展途上国への危機

大場昭義 OBA Akiyoshi
一般社団法人日本投資顧問業協会会長

日本の2023年名目GDP（国内総生産）がドル換算でドイツを下回って世界4位となる見通しだ。急速に進む円安やドイツのインフレによる影響もなしとはしないが、長期的な日本経済の低迷を反映したものと推定される。IMF（国際通貨基金）によれば、2023年の日本のGDPは4兆2,308億ドル（約633兆円相当）ドイツは4兆4,298億ドルになる見込みという。

日本のGDPシェアのピークは1994年の18%であったが、2023年はおそらく4%台だろう。まさに失われた30年といえる。今世紀の初めには、日本の経済規模は今より大きい4兆9,683億ドルで世界2位だった。当時の円相場は1ドル＝105円程度で、ドイツの2.5倍、中国の4.1倍だったことを考えると、世界の中で日本の存在感は大きく低下しているのがわかる。G7の構成国ではあるものの、いまや経済力で日本の地位は大きく揺らいでいる。このままでは、わが国の最大の強みともされた経済的な支援活動にも限界が出てくるだろう。最大の要因は価値創造の主体である企業の低迷にある。時価総額でみても、かつては世界の上位に多数存在した日本企業だが、今や上位に位置する日本企業の姿はない。

前世紀末の1999年に経済企画庁長官の任にあった堺屋太一氏は、旧習の踏襲が美化され、記憶力に長け辛抱強く協調性に優れたものが良き人材といわれる国では、夢も冒険心も育たない。このまま進めばこの国は「老いたる発展途上国になる」と、経済白書で警鐘を鳴らしている。この指摘から四半世紀を経て、「老いたる発展途上国」は現実味を帯びつつある。企業は価値創造の主体だけに、今こそワクワクする夢と冒険心を呼び起こし、夢の実現に挑戦する企業が多数現れることが期待されている。

「自分の中に孤独を抱け」
「自分の中に毒を持て」(岡本太郎著) に思う

林いづみ HAYASHI Izumi

桜坂法律事務所弁護士

2023年は国際情勢の激動の中で始まり、終わった。2024年も世界の混沌はますます深まり展望は見えない。我が国も3月のWBC決勝で日本がアメリカに3−2で勝ち優勝し、大谷選手の「憧れるのをやめましょう」という言葉とともに、日本中が活力を取り戻したかのようであった。しかし、それも束の間で、日本の政治経済は混迷を深めている。

年末にクアラルンプールに出張してエマージング・カントリーの活力を実感した。独創的な建築群。主婦を含む、様々な運転手のGrab (マレーシア発の自動車配車アプリ) を利用した。互いに言葉が通じなくても、スマホのアプリを通じて、運転手のランキングや車種を確認し地図上で即時にマッチングでき、迎えに到着する時間や目的地までの所要時間が分刻みで表示され、料金・決済も明快で安心・安全だ。かたや、日本では人手不足で全国各地で移動難民が発生しているというのに、既得権益者の反対でライドシェアの導入は阻まれている。生活の中に新規なイノベーションを取り入れていく国民と、取り入れられない国民、どちらが活力ある社会になるかは明らかだ。「失われた30年」といわれる、日本を覆うこの閉塞感を、何としても変えなければならないと思う。

そんな思いの中、表題掲載の岡本太郎の著書(青春文庫) を再読した。読後、感じる言葉は様々だろう。「人類全体の痛みをちょっとでも感じとる想像力があったら、幸福ということはあり得ない。」「世の中が変わらないどころか、逆に悪くなってきている。つまらなくなったことは確かだ。変えようと思っても、変わらないのは事実なんだ。だけど、挑むということで、僕自身が、生きがいを貫いている。ぼくは絶対に、変わらない社会と妥協しない、これがぼくの姿勢だ。」

デジタル化で
税・社会保障一体改革の推進を

稲村和美 INAMURA Kazumi

前尼崎市長

コロナ禍が加速させた大きな社会変化のひとつがデジタル化だ。電子決済、オンライン会議、リモートワークなどが一定の浸透をみせている。一方で、とりわけ、定額給付金の給付事務において、マイナンバー制度が迅速な手続きを実現するどころか、その不十分さゆえに多くのトラブルを引き起こしたことは記憶に新しい。国際的にみても、わが国がIT活用で大きく後れを取っていることが改めて浮き彫りになり、政府が異例のスピードでデジタル庁を設置したように、ポストコロナ社会を見据えた喫緊の課題となっている。

11 リーダーに求められる本当のビジョン

長谷川敦士 HASEGAWA Atsushi
株式会社コンセント代表取締役社長／武蔵野美術大学教授

社会がVUCAの時代に入り、これまでの前例踏襲ではたちゆかなくなった。このことを、ソーシャルイノベーションのリーダーであるエツィオ・マンズィーニミラノ工科大名誉教授は、慣習モードの社会からデザインモードの社会への変化、と形容した。

こういったデザインモードの社会では、組織やプロジェクトの行き先を示す「ビジョン」が重要となる。

しかし、「ビジョン」とはなんだろうか。「あるべき姿」「将来の構想」といったものがビジョンと言われるが、これは半分しか合っていない。「ビジョン」とはそもそも「視覚」の意味であり、それは見えていなければならない。

つまり、言い換えれば、個人・組織が持っている「将来への見通し」がビジョンである。そしてその「見通し」がユニークであれば、組織の向かう先も独自性を持ったものになっていく。

では、どうすれば、現状から飛躍したビジョンを「持つ」ことができるのか。適切な現状認識に加えて、未来の兆しに触れ、そしてそのなかでトライアンドエラーを繰り返すことで、自組織のケイパビリティによって、どこまで行けそうか、という「見通し」が生まれていく。これが本来的なビジョンである。

これは単なる「将来の構想」となにが異なるのか。それはビジョンへの確信である。自身の確信を持って語れるビジョンがリーダーには求められている。

しかし、デジタル化は手段であって目的ではない。業務改善やサービスの抜本的変革を目指すDX（デジタルトランスフォーメーション）の必要性が語られてはいるが、肝心の目的やビジョンについての議論は進んでいるだろうか。

コロナ禍への支援として給付事業の実施が取り沙汰されるたびに、事務経費の大きさやスピードの遅さに批判が集まるとともに、立場による人々の分断が顕著になり、多くの人に公正と受け止められる再分配のあり方が実現していないことを痛感する。デジタル化を強力に進めるならば、合わせて、給付付き税額控除制度の導入等も視野に、少子高齢化やライフスタイルの多様化に対応した税・社会保障制度の一体改革とマイナンバーの活用について本腰を入れて議論を進めるべきだ。そしてもちろん、そのような取組の推進には、徹底的な情報公開と対話にもとづく透明性確保、すなわち公権力への信頼の構築が不可欠なのは言うまでもない。

コロナ禍を単なるピンチに終わらせないよう、政府の骨太な取組を期待したい。

13 強みが弱みに変わるとき

宮永博史 MIYANAGA Hiroshi
東京理科大学名誉教授

日本経済が世界を席巻し、米国企業の構想力が落ちていた1980年代、なぜ米国企業は弱くなったのか、なぜ日本企業は強いのか、MITがプロジェクトを立ち上げた。米国の危機感を反映した、過去に類を見ない規模のプロジェクトだった。経済、技術、経営、政治など専門の異なる30人の教授陣がメンバーとして参加している。数億円にのぼる調査費用は、すべて民間企業からの寄付であった。

8つの産業分野にわたり数百回のインタビューを実施し、日米欧の企業200社（このうち工場150箇所）の訪問調査を行った。企業調査だけでなく、マクロ経済、国際貿易、租税、反トラスト、環境保護、知的所有権に関する法律と政策についても重点的に調査している。プロジェクトは、実に足掛け3年にも及んだ。

その報告書の日本語版が1990年3月に出版された『Made in America──アメリカ再生のための米日欧産業比較』だ。日本語版の序文には「日本の強みが将来弱みに変わってしまうのではないか」

14 「新しい資本主義」をシンカさせよ
──市民社会を生かしたイノベーティブ福祉国家

菅沼隆 SUGANUMA Takashi
立教大学経済学部教授

「新しい資本主義」は「成長と分配の好循環」と「内部労働市場と外部労働市場をシームレスにつなげる（こと）」を謳っている。この2つは、いかなる政権であってもシンカ（進化・深化）させるべき日本の復興ビジョンである。

私が唱える「イノベーティブ福祉国家」とは、このビジョンに形を与えるものである。社会保障がイノベーションを誘発し、イノベーションが社会保障を経済的に支えるような「国家システム」を意味する。その成否のカギは市民参加の「リ・スキリング」にある。

ビジョン達成に向けて「何をなすべきか」を考えるのが政界・官界・財界・労働界、教育界、地

と書かれている。その予言通り、1990年代後半から、家電や半導体など日本が強かった産業が次第に競争力を失っていく。

　日本企業の強みである「カイゼン力」は、近隣諸国の追い上げで相対的に弱まり、新しいコンセプトを創造する力は、復活した米欧企業に比べていまだに弱い。成功した企業ほど「イノベーションのジレンマ」に陥りやすいと指摘されるが、まさに日本全体がジレンマに陥っている。

　カイゼン力をさらに磨き、新しい事業を構想する力を養うという二刀流が企業にも政府にも教育現場にも求められている。希望があるのはベンチャーや中小中堅企業だ。いかに上手に事業の世代交代をしていくかが日本にとって重要な課題となっている。

方行政のリーダーの使命である。

　イノベーションを「国家システム」と見なせば、中央政府のみならず地方政府、労働組合、経営者団体、学校、地域の住民組織・商工事業者など市民社会の構成員が能動的にシステム形成に参加することが必要不可欠となる。3つの提案をしたい。

　第1に、経済産業省・文部科学省・厚生労働省を横断した常置の「中央リ・スキリング戦略本部」を設置することである。3省は成長の基軸である産業・教育・労働を所管しているからである。

　第2に、戦略本部のもとに、労・使・教（育）の代表からなる業種別の「リ・スキリング計画策定委員会」を設置することである。労と使が計画策定に具体的な責任を負わなければならない。大多数の市民がイノベーションに参加できなければならない。

　第3に、内閣府に「再分配評価委員会」を設置し、再分配の達成状況をリアルタイムで評価・公表することである。経済成長の成果が公正に分配され、社会的格差がどの程度縮小したのかを確認しなければならない。

　内閣府の役割は、この「国家システム」に多くの市民が自発的に参加できる仕組みを作ることにある。内閣府に課せられた使命は極めて大きい。

15

政策の充実よりも、アクセシビリティを

瀧俊雄 TAKI Toshio
株式会社マネーフォワードCoPA

日本は政府の大きさに関して、中福祉低負担の国とも形容される。超高齢化社会が及ぼす影響を踏まえると低負担の修正も頭の痛い問題であるが、せめて「中福祉」の納得度を高めていくことがその前提としても重要であろう。

重要な概念となるのは、政策へのアクセシビリティ向上である。特に保育園入園の手続きや、子育て支援策をデジタルに周知・手続き可能とすることは、デジタルリテラシーが高い現役世代の手間を減らすだけでなく、少子化対策としても注目される。子育て政策は控えめに分類しても200種

16

安心な高齢社会実現の基盤

長田久雄 OSADA Hisao
桜美林大学大学院国際学術研究科老年学学位プログラム特任教授

筆者は40年以上に亘り、心理学を中心とした老年学の研究と教育に携わってきた。老年学の領域では貴重な知見が蓄積されている。その成果を社会還元することは重要であるが、ここでは少し異なった観点、実証的研究を実践してきた立場から私見を述べさせて頂く。

実証的研究では、新しく有用な知見が評価されるので、日々、研究者はこれを目指して鎬を削っている。研究の評価は、正しい根拠と適切な方法で研究が行われていることが前提であり、学術雑誌等で公表される知見は、専門家相互の厳密な検証を経ていることが成果の信頼の基盤となっている。素晴らしい結果が得られていても、正しい根拠や適切な方法に基づいた研究でなければ、成果が無に帰すことは言うまでもない。今日では、研究の倫理が厳しく問われ、学生を含め研究に携わる人の全てが、研究を正しく行い透明に成果を発表することに責任を持つことが求められている。

高齢社会の目指す姿の1つに安心して暮らせる社会がある。自身が高齢者になって、安心して生活できる社会の前提が、立法、行政を含め社会を牽引する人々の営みが信頼されることにあると実感している。その達成のためには、発信される情報が、研究成果同様、根拠とともに明示されることが不可欠であろう。その実践は、実社会の政策や対策が研究より複雑で価値観も多様であるため、困難であることは理解できるとしても、信頼の基盤となる根拠の明示、適切な方法と手続きの使用、透明な公開など倫理の厳密な遵守は、研究に比べ実社会では不十分と言わざるを得ない。その改善が切望されよう。

類以上ある中で、各家庭の状況を踏まえて、それらがもし自動的に適用・手続きされるのであれば中福祉もより実感されることであろう。

もっとも、それを実現する行政のあり方に際して私たちは「最高のシステム」を政府が提供することを暗に求めがちである。だが、仮にある時点において最高の行政サービスを実現できたとしても、それは短期のうちに陳腐化するであろう。それよりも提案したいのは、政府が民間サービスの中にエンベッド（埋め込み）されることであり、例えば家計簿上で給付金を受け取っていない世帯に手当を案内したり、診療・服薬アプリで医療費助成

を直接行った方が、政策は明らかにアクセシブルになる。

その理由はシンプルであり、民間アプリの世界では、良かれと思われる程度（nice to have）のサービスは生き残れず、必須（must have）のサービスしか生き残らないためである。必須のサービスの中で、併せて政策が提供される姿こそが政策をアクセシブルにする姿であり、そのためにも政策のデータベース化や、デジタルな官民連携が望まれるのである。

17

財政政策こそ
デフレマインドの払しょくを

佐藤主光 SATO Motohiro
一橋大学経済学研究科教授・研究科長

政府はデフレ経済からの完全脱却を果たすべく2023年11月に新たな経済対策を打ち出した。その中には3兆円規模の所得税・住民税の定額減税が含まれる。もっとも、足元の経済はデフレとは言い難い。物価は日銀目標の2%を超えており、需給キャップも解消しつつある。岸田総理は減税によって「確実に可処分所得を伸ばし、消費拡大につなげ、好循環を実現する」ことを強調するが、闇雲な需要喚起はインフレを助長しかねない。むしろ労働生産性の向上による構造的な賃上げが求められる。

無論、物価高で生活苦にある低所得世帯やバス等の公共交通の空白地帯で自家用車を生活の足にしなければならない地域もある。であれば、こうした世帯や地域に支援を重点化することが望ましい。その上で、目先の景気対策ではなく、中長期の成長力の促進を図るべきだ。日本の成長力を示す「潜在成長率」は低下傾向にある。成長率を高めるにはイノベーションの創出や産業の新陳代謝などに拠る生産性の向上が不可欠といえる。

我が国の経済は長らくデフレが続いたこともあり、家計・企業にデフレマインドが定着しているという。しかし、デフレマインドが続いているのは政府の財政政策の方ではないか? 公共事業（国土強靭化）や補助金など、大型の財政出動（補正予算）が既得権益化してきたことも、財政政策の転換（ギヤ・チェンジ）を政治的に難しくしているのかもしれない。とはいえ、インフレ基調や金利の復活など「潮目」は変わった。金融政策も見直しが迫られている。デフレ・低金利を前提にした「規模ありき」の財政政策を続けていくのは難しい。2024年こそ財政政策の「脱デフレ」が求められているのではないだろうか?

18 都市のコンパクト化を実現する地方財政制度を

中川雅之 NAKAGAWA Masayuki
日本大学経済学部教授

　　今我々は、長期的に続く、激しい人口減少時代の入り口にいます。このことは、豊かな生活を支えていた集積の経済を失ってしまうかもしれないことを意味しています。

　このため、都市のコンパクト化が都市政策の大きなテーマとなり、多くの市町村で都市機能や居住をコンパクトな地域に誘導する立地適正化計画を策定しています。実際、大胆にコンパクト化した誘導区域の設定とLRTなどの地域交通整備を行った宇都宮市などでは、誘導区域の地価が上がり、生産年齢人口が増加していることが観察されています。

　しかし、これまでの市街化区域のほとんどを誘導区域として設定するなど、コンパクト化の実態を伴わない立地適正化計画を定めている市町村も存在します。どの程度のコンパクト化を行うかについては、首長の裁量次第という面があるのかもしれません。さらにコンパクト化に伴う公共施設の再配置を行うために、公共施設総合管理計画が策定されていますが、大部分の公共施設は維持され続けています。

　首長の意思に任せるのではなく、コンパクト化や公共施設の統廃合のインセンティブを与える地方財政制度が必要ではないでしょうか。今の地方交付税制度は現状の人口、様々な公共施設、インフラを維持するインセンティブを与える構造をもっています。現状維持ではなく、将来の都市の姿を実現する交付税制度を検討する必要があります。

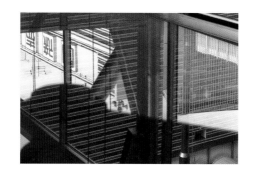

19 地域を看取るとき

小野崎耕平 ONOZAKI Kohei
一般社団法人サステナヘルス代表理事

日本ではいま、多くの人を看取っている。

厚生労働省の人口動態統計によれば、2022年に亡くなった人は約156万人と過去最高を記録した。その数は今後も増加、2040年頃にピークを迎え、年間167万人に達するものとみられている。いわゆる「多死社会」だ。

多くの人を看取っている日本が次に直面するのは、まちや集落の看取りだろう。人口減少で住民や地域の担い手がいなくなるようなところでは、耕作放棄地はもちろんのこと、朽ち果てた家や商店を目にすることも増えた。風前の灯火といった佇まいの集落も珍しくない。最近では、クマ類出没対策から柿などの放置果樹が話題になった。こうした現状を単に放っておくのではなく、積極的に土に還し山河に戻す。──いわば「地域の看取り」とも言うべき取組が必要になるのではないか。

委員として参加した自治体の高齢対策を考える委員会でも、このコンセプトを提案し、「地域の看取り」を次のように定義した。

「人々が住まなくなった家屋や集落を単に放置するのではなく、記憶・文化の伝承と環境・景観の保全を両立する活動。人口減少地域の文化、口頭伝承、有形・無形の文化財等の保護・保存・記録等を入念に行い、地域の人々の思い出に深く刻まれるような工夫を凝らしつつ、その地域を元来の自然の姿に還していく持続可能な循環型アプローチ。」[1]

多くの医師が言うように、理想の最期、望み通りの看取りを実現するのは簡単ではないし、それなりの準備がいる。それはまち、地域も同様だろう。

そして、そのさらに遠い先には、「国を看取る」ということも視野に入ってくるかもしれない。

「人を看取り、まちを看取り、国を看取る」──成熟国家日本の将来を見通しながら、あらゆる選択肢を視野に構想を巡らせておきたい。

[1] 松阪市超高齢社会対策検討委員会からの提言（令和2年10月16日）
https://www.city.matsusaka.mie.jp/soshiki/3/chokorei.html

Ⅱ

日本と世界の「現在地」を知る

中西寛　　　　野村進

柯隆　　　　　古田大輔

片上慶一　　　増島雅和

伊藤さゆり　　眞野浩

池本大輔　　　犬童周作

菊地信之　　　松原実穂子

加藤美保子　　西尾素己

瀬口清之　　　細川昌彦

玉木林太郎　　木村福成

梶谷懐　　　　藤原佳典

01

2つの戦争と2つの出来事がつきつける人類史的挑戦

中西寛 NAKANISHI Hiroshi
京都大学公共政策大学院教授

2022年から23年にかけて世界は2つの戦争と2つの人類史的な出来事を経験した。22年2月ロシアによって開始されたウクライナへの軍事侵攻によって日米欧諸国は強く結束し、ロシアおよび中国との間で「民主主義対専制主義」の新冷戦が始まったかのように語られた。この流れは23年5月の広島G7サミットにゼレンスキー・ウクライナ大統領が参加した時に頂点に達したが、この頃から世界は複雑化の様相を強め始めた。中国に対してはデカップリングではなくデリスキングが語られ、インド、ブラジル、サウジ・アラビアなどグローバル・サウス諸国が存在感を強め、さらに米欧諸国内の分断が対外政策を揺るがし始めた。23年10月7日のハマスによるイスラエル襲撃で始まったイスラエル・ハマス戦争は世界が目をそむけていたパレスチナ問題という難題を改めてつきつけただけでなく、新たな社会的分断を発生させ、世界は一層の混沌化の道を歩んでいる。

それでも戦争や暴力は人類にとって初めての経験ではない。現在の特徴は2022年来、人類史的な変化が起きていることだ。2022年末にChatGPTが公開され、世界はまたたくまに生成型AIの力に席巻されつつある。もはやサイバー空間は人間社会にとって不可欠の一部になりつつあるが、その空間では生成AIを利用することで真偽不明の情報が飛び交いつつある。さらに昨夏、人類は少なくとも12万年ぶりという高温を経験することになった。グテーレス国連事務総長が「地球沸騰化」と呼ぶ傾向は今後さらに加速する可能性が高い。人類はその種族の内部に激しい対立を抱え込みながら、種として経験したことのない環境変化やテクノロジーの挑戦に臨みつつある。それが人類の置かれた現在地である。

03

世界の「新常態」の行方：米国大統領選挙

片上慶一 KATAKAMI Keiichi
株式会社国際経済研究所理事長

「現在世界は100年に1度の大変革期、西は没落し東が興隆する」、習均平の言葉である。後半部分は、表面化した中国の内政的、経済的脆弱性ゆえ疑問符がつくが、世界が大変革期にあることは正しく、ここ数年でようやく見え始めた世界の「新常態」が着地点を見いだすのかどうかが、2024年には問われることになる。

「新常態」の姿は、国際政治では、多極化（マルチ・ポラー）の構造、グローバル・サウスもかつての非同盟中立ではなく自国の利益を求めて臨機応変に関係を構築する世界（マルチ・アラインメント）であり、

02 日本にとって必要なのは戦術ではなく戦略である

柯隆 KE Long
東京財団政策研究所主席研究員

戦後の日本は一貫して日米同盟の枠組みで米軍に守られながら、経済を発展させてきた。中国経済が台頭する前、日本経済は世界で2番目の規模を誇っていたが、今は3番目になっている。しかし、日本は世界で歴然とした技術強国である。30余年前、バブル経済が崩壊して、その後、30年を失ったといわれているが、日本が失っていないものがある。それは技術力である。

近年の世界情勢をみると、ますます不安定な様相を呈している。米中対立がエスカレートし、ロシアがウクライナに侵略している。最近、パレスチナのテロ組織ハマスはイスラエルを襲撃し、たくさんの市民が犠牲になった。これらの出来事の背景にアメリカの国力の低下がある。要するに、アメリカ一国で世界の不安要因に対処できなくなったということである。

トランプ政権が誕生したとき、トランプ大統領は繰り返して、make America great again（アメリカを再び偉大な国にする）と叫んでいた。正直にあれは悲鳴にすら聞こえる。アメリカは自国を守る力があるが、同盟国を守る力はもはやない。日本では、集団的自衛権が話題になっているが、そもそも日本が自衛する力がないのは問題である。長い間、多くの日本人はこの問題から目をそらしてきた。

日本は軍事力を増強しようとすると、必ずや軍国主義の復活と批判される。日本の民意を考えれば、日本が再び軍国主義に逆戻りできるとは思えない。逆に東アジアの地政学リスクの増幅に直面して、岸田政権は防衛予算をGDPの2%にすると決断した。しかし、お金を増やしても、防衛力が強化されるとは思えない。

日本にとって重要なのは戦術の議論ではなくて、戦略を練り直すことである。日増しに複雑化する国際情勢に対処するには、綿密な国際戦略の策定は何よりも重要である。

米中が「対立と競争を管理する」ことで一定の均衡が保たれる。その意味で2023年11月の米中首脳会談には意義があった。

国際経済・貿易では、単純化して言えば、先端・新興技術分野でのデカップリング、重要物資でのデリスキング（サプライチェーンの多様化・複線化）、その他の分野での自由なモノ・サービスの流れ、といった三重構造の下、経済安全保障の名目で保護主義なり産業補助金競争が過度なものとならないよう各国間での調整が行われている。望ましい姿かどうかは別として、世界はこのような「新常態」に落ち着きつつあると思われる。

このような流れを逆転させうる可能性を有するのが、米国トランプ大統領の復活であろう。トランプ第2期では、アメリカ・ファーストを前面に出し、第1期の反省を踏まえ、周りをイエスマンで固め、権力のチェック・アンド・バランスを弱体化させる大統領権限の強化（アーサー・シュレジンジャーのいう帝王的大統領制）を着実に実施することは間違いなく、世界は新たな混沌に向かうおそれがある。米国大統領選挙は11月であり未だその帰趨を予測することは困難だが、世界は「最悪の波」に備える必要があるのかもしれない。

04 日本はグローバル経済「断片化」の歯止め役を果たせ

伊藤さゆり ITO Sayuri
ニッセイ基礎研究所経済研究部常務理事

主要国・地域の選挙が集中する2024年。グローバル経済の「断片化」につながる規制や政策の応酬は激しさを増しそうだ。

世界は米国の大統領選挙でのトランプ氏の再選、「米国第一主義」の先鋭化のリスクに身構えているる。欧州でも6月の欧州議会選挙で急進右派ポピュリズム勢力が躍進、影響力を高めるリスクがある。

第2次世界大戦後、自由で開かれた国際秩序を形作り、グローバル化をリードしてきた米欧の姿勢は2010年代半ば以降、大きく変わった。安全

05 リベラル国際秩序の立て直しのために必要なこと

池本大輔 IKEMOTO Daisuke
明治学院大学法学部教授

東西冷戦の終結によりイデオロギー対立が終焉し、大国間の軍事的衝突の可能性が低下した。そのおかげで誕生したのが、政治的には自由民主主義、経済的には市場経済（グローバル化）に立脚する、ルールに基づく国際秩序である。そのリベラル国際秩序が危機に瀕していると言われて久しい。危機の原因として第一に挙げられるのは、リベラルな価値観を共有しない中国・ロシア等の権威主義諸国による挑戦である。加えて、トランプ大統領が象徴する先進民主主義諸国におけるポピュリズムの台頭も、リベラル国際秩序を内から揺さぶっていると指摘される。

しかし本当にそれだけだろうか。リベラル国際秩序を主導する欧米諸国がルールを恣意的に解釈してきたことにも、危機の原因の一端があるのではないだろうか。ロシア・ウクライナ戦争が勃発

したあと、国連総会の緊急特別総会はロシアの侵略を国際法違反として非難する決議を圧倒的多数で可決した。しかし2023年10月にハマスが大規模なテロ事件を引き起こしたあと、イスラエル側の反撃による犠牲者の数が増え続ける中、当事者に武力紛争法の遵守や停戦を求める国際努力の妨げになっているのは、むしろ欧米諸国であるように思われる。近年国際社会の中で存在感を増しつつあるグローバル・サウスの国々が、欧米諸国は「二重基準」だと批判するのも頷ける。

日本もG7の一員として、欧米諸国と共にリベラル国際秩序を擁護する側であることを標榜している。だとすれば、志を同じくする国々が筋の通らない行動をしている際にはそれをたしなめる勇気と、日本自身にも「二重基準」がないか振り返る謙虚さとが必要であろう。

保障の強化、持続可能性の向上、供給網の強靭化、競争条件の公平化、経済的威圧のリスク軽減（デリスキング）など。様々な名目で、中国を念頭に置いた規制や産業政策の範囲を広げている。

米欧の政策転換の底流には、過去40年余りのグローバル化が、中国経済の強大化と権威主義化を許し、米欧における地域経済の衰退をもたらしたとの認識がある。対中国のデリスキングのための国内生産回帰（リショアリング）や近隣地域や同盟国・同志国間での移管（ニアショアリング、フレンドショアリング）には、地域振興、格差対策の効果も期待されていよう。

しかし、「断片化」はグローバル化で生じた問題の解決策となり得ない。米欧の動きに対応して、中国も国家安全の優先化、科学技術の自立自強を掲げ、西側の規制への対抗手段も揃えた。経済制裁と同じく反作用が働く。コスト上昇による物価高圧力や財政負担の増大など副作用もある。

「断片化」は、中国経済の停滞を深め、米欧のインフレの長期化をもたらしかねない。日本が、節度ある政策運営で、大国・地域間の規制と産業政策の競争の悪影響を懸念する世界の多数派に寄り添い、断片化の歯止めとなることを望みたい。

06 ウィーンからの視点、弱肉強食vs法の支配、外交安全保障戦略

菊地信之　KIKUCHI Nobuyuki
在ウィーン国際機関日本政府代表部公使参事官

国際社会を支配する原理は21世紀においても弱肉強食なのか。安全保障は自衛・自助が基本であり、一国で足りなければ同盟で備える。ここ数年の出来事は、寧ろ厳しい現実を想起させる。

とはいえ、国際社会を公正なものに変えていくことも、安全と繁栄を守る上で有効。決まり事＝法に合意し、それに基づいて国際社会が運営されるようにして公正を図る、これが法の支配。

国際法の維持・発展、国際協調のための国際機関の設立・発展はそんな努力の一環。日本も、外交安全保障政策の重要な柱として法の支配の推進を掲げる。

フランス革命／ナポレオン戦争後の秩序を再建するために1814-15年、当時の列強代表が集まり、ウィーン会議が開催された。主要国間の協調により国際秩序を設計する会議外交が開始された。これが常駐となり国際連盟に、更に国際連合に発展。

在ウィーンの国際機関は派手ではないが、激動する国際環境の中で、法の支配の推進（国連薬物犯罪事務所）、新たな分野のルール創出（国連宇宙部）に取り組んでいる。「ウィーン精神」はコンセンサスを原則とする。

法の支配は、唱えるだけでは実現しない。絶え間ない法の創出と執行の努力が必要。様々な行為、議論を通じて国際世論が醸成され、規範に収斂する。この動態的な過程に、知恵と人材をもって能動的に参画することが肝要。

国際社会は、規範ができれば自動的に執行が確保されるような構造にはなっていない。各国が実行する意思と能力を有すること、違反者に対して有効な制裁を科すことができるか、問題は山積。逆に正式に発効していなくとも実効性を確保する工夫もある（包括的核実験禁止条約）。

構想力と行動力が求められる。

07

「核兵器のない世界」を模索し続ける

加藤美保子 KATO Mihoko
広島市立大学広島平和研究所専任講師

　イスラエルとハマスの武力紛争の激化により、ウクライナ戦争関連の報道は目に見えて減少している。軍事大国による大規模な武力行使、一夜にして難民化する大勢の一般市民、有効な決議を採択できない国連安保理……という状況が繰り返される国際政治の現状に、無力感を抱え、やがて関心を失う人は少なくないだろう。しかし、これらの紛争の繰り返しによって、核軍縮や核不拡散の基盤となる法的枠組みが形骸化していく状況を放置すれば、いつか私たちに深刻なリスクとして跳ね返ってくるかもしれない。

　イスラエル・ハマス戦争と、ロシア・ウクライナ戦争の共通点は、一方の当事者が核保有国であるということだ。侵攻開始当初から、核使用の威嚇を繰り返してきたプーチン大統領の言動は、確かにNATO諸国のウクライナ支援の抑制と直接の介入を阻止してきたかもしれない。また、イスラエルとその背後にいるアメリカの核兵器は、ハマス支援のためにイランが介入してくることを抑止しているのかもしれない。しかしこの、核兵器は使用されず、使用の威嚇が抑止力として機能することを期待する状態は、核抑止に失敗した場合のエスカレーションへの対処策を欠いており、甚大な被害を招く可能性と表裏一体の危険なバランスの上に成り立っている。

　1945年8月のヒロシマ、ナガサキから現在まで、戦場での核兵器不使用の年月は、被曝の実態を証言し続けてきた個々の被爆者の方々の訴えがあってこそ積み上げられてきたものである。戦争が頻発する世界の中で、核抑止力が一定の役割を果たしていようとも、その危険性を明確にし、核兵器に依存しない安全保障体制を議論し続けることは必要ではないだろうか。

09

構造的課題への取り組みは夏休みの宿題のよう

玉木林太郎 TAMAKI Rintaro
公益財団法人国際金融情報センター理事長

　ソウルの市民の足は縦横にめぐらされた地下鉄だ。特に65歳以上の高齢者にとっては。韓国は国レベルで1984年から65歳以上の地下鉄乗車を無料として今日に至っている（ソウルでは無料パスを利用した高齢者によるシルバー・デリバリーがあるという）。導入当初は少なかった高齢者が増え、地下鉄公社は赤字に耐えかねて料金値上げをせざるを得ない。しかしこの優遇策を廃止または修正（例えば70歳以上に）すべきという議論は長年続くだけで結論は出ない。時間

08 新たなグローバルガバナンスの主役は新たな世代

瀬口清之 SEGUCHI Kiyoyuki
キヤノングローバル戦略研究所研究主幹

米中対立、新型コロナ感染、ロシアによるウクライナ侵攻に続き、イスラエルによるパレスチナ侵攻が始まった。いずれも世界秩序を不安定化させる大事件であり、世界中の国々が一致協力して問題の深刻化を防ぐべきであった。それにもかかわらず、国連、G7、G20、NATOなどの国際機関やグローバルガバナンスの枠組みはこれらを止めることができなかった。

どのような理由があっても、一般市民の命を奪うという非人道的行為は決して許されない。またそれを招くリスクも未然に防がなければならない。それにもかかわらず、国家間で取り決めたルールに基づく世界秩序形成の枠組みはこれを止めることができていない。これは、国家とルールに基づく現在の世界秩序形成の仕組みが機能不全に陥っていることを示している。

この状況にどう立ち向かうべきか。答えは「民」＝non-state actors（企業、大学、NGO、個人等）が国家の枠を超え、ICT情報通信技術を通じて全世界で連携し、国家に対して問題解決のための具体策を提案することである。その目的は世界共通ルールを決めることではなく、各国が自国としてできることを自ら考え、実施することだ。

「民」の提案に強制力はない。しかし、モラル＝利他の想いでつながる世界中の「民」が毎日のように各国政府への提案を発信し続ければ、モラルを共有する人の輪は確実に広がっていく。時間はかかっても何らかの形で国家の政策運営に影響が及ぶはずである。重要なことは目標達成まで全世界の人々が諦めずに提案し続けることだ。この「民」によるモラルベースの団結が世界を変える新たなグローバルガバナンスの土台となる。

ICTの高度化とグローバル化の時代に生まれ育ってきた若い世代は日常的に国境を越えて相互連携している。この世代こそ新たなグローバルガバナンスの担い手である。

の経過とともに高齢者（受益者）は増え続け、反発を恐れて改革はますます困難になる。

これは小さな例だが、構造的課題への取り組みは時間との戦いだ。反発・不人気を恐れて対処を先送りしたりペースを緩めたりするとますます問題が深刻になり、結局は誰にとっても不都合な結末になる。気候変動緩和のための脱炭素など期限と目標がはっきりしているので、まるで小学生の頃の夏休みの宿題のようだ。気が付けば8月も後半、宿題は月末までだけれどもまあ今日は良いかと先送りすると最後の何日かは泣く破目になる。政府が2030年、50年の脱炭素目標を定めてから3年以上経過し、2030年まではあと6年だから、もう8月25日くらいだろうか。次第に改革が苦しくなると「現実的な対応」を求める声が強くなるが、これは何年もしないうちに「非現実的な」事態に追い込まれるという明白な「現実」に目を背けているだけだ。宿題（脱炭素に伴う経済・社会システムの変換）を着実にやれば、休みは楽しくなる（脱炭素の遅れによる不利益を避けられる）。それとも9月1日に宿題をやらないまま登校する覚悟があるのだろうか。

今こそ、エビデンスに基づく報道の重要性を訴える

梶谷懐 KAJITANI Kai
神戸大学大学院経済学研究科教授

報道や政策立案における「エビデンス」の重要性への認識が高まっている。とくに筆者の専門である中国のように、不透明性が極めて高い対象について何らかの判断を行う場合、統計資料などのエビデンスによる裏付け、ならびにその検証は極めて重要となる。

その一方で、政治や大企業がエビデンスや客観性を振りかざし、当事者の小さな声を無視した結果、社会の分断を生んでいるではないか、と警鐘を鳴らす声もある。このような批判にはもっともな面もあるが、だからといって個人のナラティブを過度に重要視する姿勢にも賛成しがたい。むし

日本人の表情はなぜ暗いのか

野村進 NOMURA Susumu
ノンフィクションライター・拓殖大学国際学部教授

海外から帰国するたびに気になることがある。日本人の表情はなぜこんなに暗いのだろうか。

フィリピンのスラム街の住民のほうが、ずっと朗らかな顔をしている。若年層の失業率が4割近いスペインでも、からりとした笑顔をよく見かけた。2022年、インフレ率が年間70パーセントを超えたトルコに2週間ほど滞在したおりには、引率した学生から「イライラしている人に全然会いませんでしたね」と言われた。

仕事柄さまざまな人々と話していても、日本は問題だらけで、将来への希望がほとんど持てないといった声を聞く。日本人の心配性は以前からだが、最近はいささか度が過ぎてはいまいか。

むろん原因は多岐にわたるので、私が関わってきたジャーナリズム界に限って論じたい。ひとことで言えば、日本に対する客観的な評価を人々にじゅうぶん伝えていないと思う。

社会生活の指標とされる失業率、犯罪率、医療の質と費用、平均寿命、教育水準、物価上昇率といった点で、日本は世界の中でかなり良好な部類に属する。水道水がそのまま飲めることも、夜道を安心して歩けることも、電車が時刻通りに来ることも、海外では当たり前ではない。日本の、特に若い世代には、現在すでに達成されているこうした状況がどれほど貴重なものか、そしていかにすぐ失われてしまう脆いものかを、もっと積極的に知らせるべきだ。あらためて言うまでもなく、的確な批判はジャーナリズムに不可欠だが、あらさがしには意味がない。不安をこれ以上あおるのもやめたほうがよい。

現実をきちんと把握できなければ、日本人の表情はいつまで経っても暗いままだろう。人は、けなすよりも褒めるほうが伸びるというではないか。人の集団である社会にも、同じ基本姿勢でのぞんではどうか。

ろ、政府などが掲げる「エビデンス」がどれだけ第三者からの「反証可能性を備えるもの」であるかに注目すべきだろう。

たとえば、2022年2月のロシアによるウクライナ侵攻以降、次の大きな紛争の可能性がある地域として台湾への注目が高まった。その際日本のメディア各社は「台湾海峡を巡る危機が2027年までに顕在化する」という、すでに退役した米軍元司令官による2021年3月の発言に盛んに言及した。しかしこれらの報道が、エビデンスに基づくものだったとはいいがたい。この「2027年」という数字には習近平政権の3期目の終わりを示す以外に

明確な根拠は存在せず、そもそも反証可能なものではなかったからだ。

客観性を最も重要視する、英語圏の社会科学の論文では、分析に用いたデータを公開して「再現性」を確保することが基本となっている。逆に言えば、そのような情報の公開性や再現性が保証されない報道に対しては、常にそれを疑う姿勢を持ち続けたい。不確実性がますます増大するこの時代に、私たちはむしろエビデンスを武器にして、情報の氾濫から自らを守っていく必要があるだろう。

12

AIや認知戦で悪化する
フェイクニュース問題への対処法は

古田大輔 FURUTA Daisuke
ジャーナリスト／メディアコラボ代表

いわゆる「フェイクニュース」問題は、悪化している。3つのトレンドを紹介する。

1つ目のトレンドは、生成AIだ。画像、動画、テキスト、誰でも簡単にAIで捏造や改変できるようになった。しかも、その技術は進化を続け、プロでも見分けることが難しくなりつつある。2022年に話題になった静岡県の水害写真、2023年の岸田首相動画などの捏造事例はすぐに検証され、広く報道された。しかし、実際にはソーシャルメディア上で拡散する詐欺広告など、手付かずのままに広がり続ける事例は多数ある。

2つ目は、動画、特に短尺動画で誤/偽情報が大量に広がり、若い世代がそれらを日常的に目にする状況になっている。各国のファクトチェッカーたちと話すと、生成AIによるフェイクニュース事例は実はまだ少ないと口を揃える。日本もだ。実

際にはAIで嘘を作るよりも、自分で嘘をついた方が早いし手軽なのだ。そして、動画プラットフォームにアップロードすれば、アルゴリズム次第で無名アカウントでも多くのユーザーに届く。

3つ目が、国レベルでの認知戦だ。ウクライナとロシア、イスラエルとパレスチナの戦争をめぐっては情報操作のための偽情報の発信が続く。アジアでも福島第一原発からの処理水の海洋放出をめぐり、中国語での誤/偽情報が注目を集めている。

AIにAIで対抗するような技術開発は進んでいる。しかし、とりうる対処法は1つではない。ファクトチェッカーだけでなく、メディアも企業も政府もフェイクニュースの拡散の場となっているプラットフォームも、そして市民社会も、全てのステークホルダーが重層的に対策を取る必要がある。

13 待ったなしの 偽情報対策を進めよ

増島雅和 MASUJIMA Masakazu
森・濱田松本法律事務所パートナー

2024年は世界的な選挙イヤーとして注目される。1月の台湾総統選や11月の米国大統領選はもちろんだが、インドや南アフリカをはじめ、今後の世界政治の行く末に重要な影響を与えるグローバル・サウス諸国でも選挙が予定され、世界の半分以上の人口を抱える国々で選挙が施行されるとのことである。

民主政の根幹をなす選挙に対して、その意思決定を歪める現実的な危険をもたらすのがオンラインにおける偽情報である。混乱をもたらす動機と意欲のある者が、それを実現することを可能とする「場」としてソーシャルメディアなどのデジタルプラットフォーム（DPF）、「手段」として生成AIにアクセスできる技術環境がある。更に悪いことに、偽情報は正しい情報よりも6倍速く拡散し、DPFが採用するアテンションエコノミーのモ

デルにより大きな収益を投稿者にもたらす経済構造がある。デジタル技術と経済インセンティブが、我々の民主政を構造的な脆弱性に晒している。

2024年に欧州議会選を控えるEUでは、2023年12月に民主政防衛パッケージを採択、柱の1つである欧州委員会勧告は、DPFと協調した偽情報対策を包括的に打ち出している。これは超大規模オンラインプラットフォーム（VLOP）に対して違法・有害コンテンツの拡散による重大な社会的リスクを軽減する措置の実施等を義務付けるデジタルサービス法の運用の一環として、欧州民主主義行動計画に定める偽情報への対抗措置をVLOPに講じさせることを期して、「偽情報に関する行動規範」に対してVLOPに任意の署名を要請することにより可能となったものである。

ロシアを隣国に抱えるEUの切迫した一連の動

14 ルールに基づく合意形成と 論理思考により国際協調を

眞野浩 MANO Hiroshi
EverySense,Inc C.E.O.／一般社団法人データ流通推進協議会事務局長

2024年は、我が国がG7開催国となり、筆者の関係するデータ社会の推進というテーマにおいても、関連する会議がいくつも開催された。また、COVID-19で中止や延期となっていた国際会議も、本格的に再開されてきた。筆者らは、欧州で盛んに議論されているデータ連携の関係者らと円卓会議を開催し、G7デジタル技術大臣会合に向けた提言などを行ってき

た。

ここで、重要なことは、我々が選んだのは、競争や追従ではなく、協調路線である。データ連携などについては、欧州が法制化やコンセプト提案をいち早く打ち出したこともあり、DXの遅れが指摘される日本は、ともすれば追従という選択を迫られる可能性も大きい。ところが、欧州における社会実装レベルを確認すると、必ずしもコンセ

きは、政治状況が不安定な中で選挙に突入するグローバル・サウス諸国においてはもちろん、安全保障環境の急激な悪化に晒される日本においても対岸の火事ではない。

国連は2023年6月「デジタルプラットフォームにおける情報インテグリティ」と題する報告書を公表、DPFの行動規範の基礎となる9つの原則を提示した。9月にはカナダとオランダが「オンライン上の情報インテグリティに関するグローバル宣言」を立ち上げ、日本を含む32か国がこれに参加している。10月に京都で開催されたインターネット・ガバナンス・フォーラムでも偽・誤情報対策関連のセッションが複数持たれた。

サイバー空間の情報インテグリティの確保に向けた世界的な動きに呼応するように、総務省は一定規模以上のDPFに対して、誹謗中傷等の権利侵害情報につき、迅速な削除等の措置を講ずるよう義務付けることを核とする規律の導入に向け舵を切った。そのうえで、表現の自由との関係でより慎重な取扱いが必要な偽情報を含めたオンライン空間の情報インテグリティの確保を期して、デジタル空間における情報流通の健全性確保に向けた

検討を開始している。現状、任意の協力のもとで実施されているために一部のDPFから必要な協力が得られない不完全なモニタリングの仕組みの改善とともに、表現の自由を抑圧しない適切なコンテンツモデレーションのためのDPFとの協力的な関係を構築する仕組みづくり、デジタル空間における情報流通の研究を進めるための実データを研究者がDPFから入手しやすい環境の整備などが求められる。

なお、我が国における情報流通の健全性の確保は、ひとりデジタル空間のみで解決できる課題ではない。民主政を確保するために国民の参照点となる情報を提供する従来型メディア（新聞・放送）の発信と、ネットメディアやフリー記者などがDPFを介して発信する多様な情報・意見が適切にミックスされ、DPFからの情報がエコーチャンバーやフィルターバブル等により歪みが生じている可能性を正しく認識できるリテラシーを備えた国民が、これらの多様な情報にアクセスできる状態を作ることこそがゴールである。市場は規律により適切にデザインされて初めて「市場」たりうるが、言論の自由市場もまたその例外ではないのである。

プトの域を脱していないケースも多々ある。そこで、筆者らは関係者が一堂に会する機会を提案し、相互協調の議論を行うことで、一気に同じスタートラインで合意形成する枠組みを立ち上げた。

データ連携のように、国や法域により、その拠り所や議論の論拠が異なる中で協調を進め、合意形成を得るには、互いを尊重し、公平で中立的な議論の場と進め方が重要となる。そこで、国際標準化の舞台では、議事運営規則などが明確に定められている。ところが、日本においては、日本語がハイコンテキストであることや、空気を読み、沈黙を金とする文化などから、明確な合意形成ルールを伴わない意見交換やMoU締結などで国際協調とすることが多い。複雑化し、多様な文化

背景が交錯する国際協調では、このような日本的手法は、建設的な結果に繋がらない。これからの日本が、国際舞台において積極的に協調路線を取るのであれば、より明確なルールに基づく合意形成に日頃から拘ることが必要であろう。

また、ともすれば狭い視点での各論に陥り、本質的に合意形成を損なうことも多い。そこで、極めて古典的ではあるが、デカルトの『方法序説』に示される4つの規則であるところの、明証性の規則、分析の規則、総合の規則、枚挙の規則などの論理思考を、分野に限らず個々人が意識することも重要である。

15

社会全体で
サイバー空間のリスクに備えよ

犬童周作 INDO Shusaku
総務省大臣官房サイバーセキュリティ・情報化審議官（原稿公表時）

サイバー空間は社会のDXで「公共空間化」する一方、そのリスクもWebページ改竄やフィッシング詐欺から、ランサムウェア被害、生成AIの悪用、石油パイプラインの停止、サイバー攻撃（国家間紛争との関連も）等へ悪質・巧妙かつ複雑化。今や被害が個人や企業に留まらず、社会全体に影響することを認識する必要がある。

政府は「サイバーセキュリティ戦略本部」を設置し、社会的・経済的な影響が大きい重要インフラの「障害対応体制の強化」「情報共有体制の強化」「防護基盤の強化」等に注力している。総務省・情報通信研究機構はセキュリティに不備がある監視カメラ、センサー等を調査し、利用者に注意喚起を行う他（2023年12月の法改正で、ファームウェアの脆弱性、マルウェアに感染した機器も追加）、産官学の接点として先端的基盤「CYNEX」を構築し、産学官のデータや知見を集め、研究開発、研修・実践的サイバー防御演習（CYDER）に役立てるとともに、若手人材のセキュリティイノベーター育成も行っている。

さらに、地政学的には安全保障分野での対応能力の向上の観点から、国家安全保障戦略に「サイバー安全保障」を位置づけ、迅速な対応体制の整備、専門人材の採用・育成の他、現在、安全保障の懸念のある重大なサイバー攻撃に備えた「能動的サイバー防御」の導入も法的な整理を含め検討中である。また、各国政府・民間レベルでの情報共有や国際標準化にも積極的に関与し、ASEANに能力構築支援を行うほか、今後、米国・豪州と連携し太平洋諸島の国にも支援を拡大する。

技術進歩が早いサイバー空間のリスクは、体制整備や人材育成と併せて日常的な訓練も不可欠。そのためにも社会全体として、国内外の様々な情報やノウハウを共有して対応していく必要がある。

17

ゼロデイとサイバー攻撃能力の
確保に急げ

西尾素己 NISHIO Motoki
多摩大学ルール形成戦略研究所客員教授

サイバー空間が第5の戦場として定義され久しい今、我々は新たな課題であるアクティブディフェンスを考える局面に居る。アクティブディフェンスとは積極的防御とも訳され、国家を標的とした戦略的なサイバー攻撃に対して、サイバー空間で反撃を行うことを指す。他国をサイバー攻撃する行為と、それに対してアクティブディフェンスを実施する行為は目的こそ違えど、標的に対してサイバー攻撃を実施するという能力は共通して求められるものである。

我が国がアクティブディフェンスを論ずる際に

16

日本でも
「スレット・ハンティング」の推進を

松原実穂子 MATSUBARA Mihoko
日本電信電話株式会社チーフ・サイバーセキュリティ・ストラテジスト

2023年にランサムウェア攻撃が37%増加した。日本にとっても他人事ではない。日本における最大の貨物取扱量を誇る名古屋港の港湾管理システムがランサムウェア攻撃被害を2023年7月に受けた。その結果、約2日間にわたり、コンテナの搬出入作業が停止し、複数業種の輸出入業に悪影響が派生する事態となっている。

英フィナンシャル・タイムズ紙は、本件に関し、中国などの国家が日本の防衛能力を試すために行ったサイバー攻撃だったのではないかと報じた。

実は、米国政府は、2023年以降、有事における業務妨害・破壊型のサイバー攻撃について繰り返し警鐘を鳴らしてきた。例えば、2023年2月に出された米国家情報官室の年次脅威評価報告書では、米国との大きな紛争が迫っている際、中国が米国内の石油・ガスのパイプラインなどの重要インフラにサイバー攻撃を仕掛けるのではないかと警告している。米国の意思決定の阻害、社会の騒乱、米軍の展開の妨害を狙うためだという。

米ニューヨーク・タイムズ紙の7月末の報道によると、米国政府は米国内外の米軍基地を支える電力、通信、水道インフラへ既に侵入されているものと確信し、埋め込まれたコンピュータウイルスを捜索中だ。このようにサイバー防御を突破された前提に立ち、ネットワーク内に潜入しているウイルスを探し、削除していく作業を「スレット・ハンティング」と呼ぶ。2022年2月に軍事侵攻が始まる数カ月前のウクライナでも、重要インフラを守る上で役立ったと言われる。

こうした積極的なサイバー防御活動は日本であまり注目されてこなかった。しかし、安全保障、経済安全保障、サプライチェーンを守る上で必要不可欠であり、今後進めていくべきであろう。

は、9条解釈もまた大きな論点であることに異論はないが、サイバー攻撃能力をいかにして獲得するかという極めて足元の議論を差し置くことはできない。例えば米国はサイバー犯罪者に対する司法取引、中国は大学教育、ロシアにおいてはサイバー犯罪者（ランサムウエアギャング）との密約等により、極めて実践的なサイバー攻撃能力を獲得し、それらを軍や委託された民間企業が軍事グレードのサイバー兵器へと昇華させている。

また、第5の戦場における戦略兵器ともいわれる「ゼロデイ（パッチが未だ存在しない脆弱性）」をいかに確保するかという課題もある。欧米の諜報機関や軍は、密かにゼロデイを保有し、ここぞという時にそれらを活用していると目され、実際に2010年に米国とイスラエルが共同で行ったとされるイランの核施設へのサイバー攻撃では、3つものゼロデイが使用された。各国がゼロデイを用いたサイバー攻撃能力獲得のため、超法規的ともいえる手段を講じる中、我が国においてもまずは積極的犯罪捜査などを他国と共同で実施するなど、アクティブディフェンスの実績を積み重ねるべきである。

18 戦略技術の輸出管理の抜本的作り変えを

細川昌彦 HOSOKAWA Masahiko
明星大学経営学部教授（元経産省中部経済産業局長）

輸出管理の国際枠組みはその時代の国際秩序を反映する。かつて米ソ対立の冷戦期には、西側諸国によるココム（対共産圏輸出統制委員会）があったが、冷戦終結で廃止された。これに代わって1996年、ポスト冷戦の国際枠組みとして「ワッセナー・アレンジメント」が発足した。しかし現在にいたるまで30年近く経ち、国際秩序は大きく変化している。それに伴って、輸出管理の国際的枠組みも時代にマッチしなくなっている。

19 ASEAN諸国の先進国入りを支援せよ

木村福成 KIMURA Fukunari
慶應義塾大学経済学部教授／東アジア・アセアン経済研究センター（ERIA）チーフエコノミスト

米中対立が技術覇権をめぐって先鋭化する中、東南アジア諸国連合（ASEAN）諸国が中立を保って双方とのつながりを保持しようとしていることは広く知られている。もう1つの重要な動きは、Global Southを志向する多くの発展途上国と一定の距離をとりつつ、むしろ先進国入りしたいとの希望を鮮明にしていることである。

マレーシアは今後数年内に、シンガポールとブルネイに次ぎ、世界銀行の所得水準区分で高所得経済の仲間入りすることが確実視されている。その他の国々も先進国入りを目指しており、たとえばベトナムは2045年までに先進国となるための経済の高度化を目指している。また、インドネシアは先進国クラブとも呼ばれる経済協力開発機構（OECD）への加盟を申請しており、OECDもそれを歓迎している。

インドネシアがOECDに加盟するにはOECD内の25の委員会におけるギャップ分析をクリアしなければならず、そう簡単には実現しないかもしれない。しかし、Global Southに組みして既存の世界秩序に異議申し立てを行うのではなく、むしろ既存ルールを受け入れて自ら先進国になろうとしていることは重要である。ASEAN諸国の国内政治も複雑であるが、健全な改革派が力を持っていけるよう、日本をはじめとする西側諸国は支援していくべきだ。

ASEAN諸国はデジタルとグリーンを旗印に経済構造の高度化を進めようとしているが、残念ながらこれら関心分野における日本企業の動きは鈍い。日本としては、OECD加盟への動き、あるいは関心が戻りつつある環太平洋パートナーシップに関する包括的および先進的な協定（CPTPP）への新規加盟希望などの機会も積極的に活用し、さまざまな政策改革への協力にも力を入れていくべきだろう。

冷戦直後、対処すべき脅威は主にイラン、イラク、リビア、北朝鮮といった地域紛争の懸念国だった。こうした国々への武器の拡散を防ぐ「不拡散」が目的であった。しかもロシアも参加している。

今、安全保障おいて対処すべき中心はロシアと中国だ。輸出管理もその手段として位置付けられる。

さらにこれまでの輸出管理では最終用途が軍事か民生かを峻別していた。しかし現在の中国は「軍民融合」を掲げており、こうした峻別は意味をなさない。むしろ先端半導体のように、軍事能力の向上につながる技術の流出を阻止する輸出管理が必要となっている。

ただし、今や経済のグローバル化で経済の相互依存は広汎で、規制すべき分野は限定される。焦点は先端半導体、量子、人工知能、バイオ技術の各分野だ。こうした分野に絞って日米欧など少数の技術保有国によって輸出管理を行う、いわば「小さな庭に高い柵」を目指すべきだ。

欧米の動きを見れば、今後、先端半導体にとどまらず、量子、人工知能、バイオの新興技術を新たに規制することが予想される。日本も新たな国際秩序に合致した抜本的衣替えが急がれる。

20 総動員で備える、ASEAN諸国の少子高齢・人口減少社会

藤原佳典 FUJIWARA Yoshinori
東京都健康長寿医療センター研究所副所長

GDP総額で目を見張る成長が進むASEAN加盟国の総人口は約6億8,000万人（2022年）に達した。一方、65歳以上の高齢者は5,350万人で、高齢化率は約7.9％と推計されている。2023年は日本と東南アジア諸国連合（ASEAN）の友好協力50周年の節目の年であり政府は、ASEANとの親交を深める多くの事業がめじろ押しであった。

厚生労働省は、11月28〜30日に第21回ASEAN・日本社会保障ハイレベル会合（於：別府市）を開催した。ASEAN諸国などから、社会保障分野の担当者約60人が参集し、筆者もその1人として、少子・超高齢社会の諸問題について議論と視察を重ねた。

とりわけ、今後の課題として、人口減少で介護の担い手が減っていくことから、介護予防や生活支援におけるインフォーマルサービスへの期待と介護現場にロボットやITを導入していくことの重要性が問われた。

概して、ASEAN諸国には、伝統的に高齢者のケアはかつての日本の社会がそうであったように「家族」という意識が根強い。

しかしながら、産業構造が第3次産業へとシフトする中で大都市部への人口移動や核家族化が進むと、家族ケアに限界が来る。その代替・補完として公的介護保険が登場するも、人口減少によりそのサービスにも限界が来た。ここで、再度、住民互助も必須となってきたことから、自助・互助・共助・公助の総動員で少子・高齢化の難局を乗り越えなければならない。ASEAN諸国も必ずや、我が国と同様のプロセスを歩むに違いない。よって、個々の事業や施策に着目するだけでなく、こうした総動員のアプローチである地域包括ケアシステムの光と影を検証し、自国の特徴に合わせてカスタマイズしていくことが最重要である。これこそが、図らずもトラックの1周先を走る我々がASEAN諸国に送るメッセージではなかろうか。

Ⅲ

次世代の幸せに
つながる社会

山崎史郎　　　貞森恵祐

松本紹圭　　　久納寛子

西條辰義　　　橘川武郎

小林慶一郎　　竹ケ原啓介

小塩隆士　　　二宮正士

岩本康志　　　平澤明彦

小黒一正

三神万里子

01 人口問題の「総合戦略」が必要

山崎史郎 YAMASAKI Shiro

内閣官房参与兼内閣官房全世代型社会保障構築本部事務局総括事務局長

日本は、ついに本格的な「人口減少時代」に突入した。現在1億2,400万人の総人口は、このまま推移すると、わずか76年後の2100年には6,300万人に半減すると推計されている。100年近く前の1930年の総人口が同程度だったので、単に昔に戻るかのようなイメージを持つかも知れないが、それは事態の深刻さを過小評価するものである。当時は、高齢化率が4.8％の若々しい国だったが、2100年の日本は高齢化率が40％を超える「年老いた国」である。

人口減少の「スピード」からくる問題がある。このままだと、総人口が年間100万人のペースで減っていく急激な減少期を迎え、しかもこの減少は止めどもなくつづく。「人口急降下」とでも言うべき状況下では、あらゆる経済社会システムが現状を維持できなくなり、「果てしない縮小と撤退」を強いられ、経済社会の運営も個人の生き方もともに、"選択の幅"が極端に狭められた社会に陥るおそれがある。

我々が目指すべきは、第1は人口の減少スピードを緩和させ、最終的には人口を安定化させること（人口定常化）である。それによって、国民が確固たる将来展望が持てるようにすることが重要となる。一方、仮に人口が定常化したとしても、その効果が本格的に表れるまでには数十年を要し、しかも定常化の人口規模は現在より小さくなることは避けられない。したがって、第2に、各種の経済社会システムを人口動態に適合させ、質的に強靭化を図ることにより、現在より少ない人口でも、多様性に富んだ成長力のある社会を構築していくことが望まれる。この両者の取り組みを一体的に推進する「総合戦略」が必要となる。

03 将来世代の「しあわせ」をめざそう

西條辰義 SAIJO Tatsuyoshi

京都先端科学大学特任教授

皆さんがこの稿をご覧になる頃には、2023年の気温がターゲットである1.5℃を超えたというニュースをご覧になっているかも知れない。確かに昨年の夏は猛烈に熱かった。これを機に、近い将来、再生可能エネルギーへの転換に大成功するとしよう。これで私たちは問題を克服できたと安心してよいのだろうか。

エコロジカルフットプリントの創始者であるReesさんたちは、今世紀末には、経済崩壊に端を発し、文明崩壊がおこり、私たちの数、つまり人口も激減すると予想している。皆さんのお孫さん

02 信頼と時間

松本紹圭 MATSUMOTO Shoukei
僧侶

2024年のダボス会議のテーマは「信頼の再構築（Rebuilding Trust）」だ。戦争、陰謀論、フェイクニュース、AI技術の急激な伸長など、世界に広まる不信を私たちはいかに打破できるか。信頼構築の基礎となるもの。それは、時間だ。信頼は一朝一夕には築けない。一瞬で壊れることはあっても、信頼を一瞬で作り出す技術は、今後も生まれないだろう。

人生100年時代。寿命が伸びた分、私たちがゆったりとものを考えるようになったかといえば、現実は逆だ。政治家は次の選挙のことで頭がいっぱい、経済人は四半期決算に追われ、人々はスマートフォンからの絶え間ない通知にアテンションを奪われている。私たちを短期主義へと駆り立てる刺激に満ちた環境の中で、私たちは目先の損得や一時的な感情に流されることなく、より長く考え、行動する能力を意識的に養わなければならない。

いかにして私たちは未来世代のためによき祖先になれるか。

Roman Krznaricが著書『グッド・アンセスター』で投げかけているこの問いは、まさに現代のすべてのリーダーが長期的な視点を養うために自らに問うべきものである。今から百年後の2124年、私たちは皆、未来世代の祖先になっている。「生まれてきてよかった」と言える人生を生きて欲しいと未来世代に願う私たち自身、かつてこの世を生きた死者たちから幸せを願われた未来人でもある。今度は私たちの番だ。彼らにより多くの選択肢を残すため、何ができるか。

山積する地球規模の喫緊の課題に、私たちは今すぐ取り組む必要がある。しかし、その今は「長い今（Long-now）」でなければならない。

の時代に激変が起こるかもしれない。これがどの程度確かなのかはわからないが、彼は、生態系の至るところで、「オーバーシュート」が起こっていると警告している。生態系の再生能力を超えてそれを搾取し続け、自然の廃棄物吸収源が処理できず、あふれてしまっているのだ。

たとえば、自然が作る窒素化合物の約4倍程度のそれを私たちは人工的に作っている。かなりの部分が窒素肥料や爆薬である。肥料から得られた食糧で人口も爆発的に増え、あふれかえっている。爆薬の大半はウクライナ戦争で使い続けるのだろう。作った窒素化合物の大半が、陸域、海域、空域にあふれ、さまざまな問題を起こしている。さらには、窒素循環は壊れ、元に戻ることにできないポイントを超えてしまっている。

もう打つ手はないのだろうか。私たちが、現状を維持することを当たり前とせず、「将来世代のしあわせを優先する可能性」を発揮するように変わればなんとかなるかもしれない。実は、間に合うかどうかわからないものの、この大変革を可能にする社会システムのデザイン（フューチャー・デザイン）が始まっている。

04

持続性のための
新しい世代間倫理の構想を

小林慶一郎 KOBAYASHI Keiichiro
慶應義塾大学経済学部教授

世界的なインフレ、気象災害の多発、ウクライナ侵略やイスラエルでの悲惨な戦争による核の脅威の高まりなど、私たちが直面する政策課題は、長期的な持続性の問題に直結している。財政や通貨価値、地球環境、核兵器管理などの分野で、世代を超えた時間軸での持続性をどのように維持するかが問われている。

世代を超えた時間軸の政策課題を、現在世代だけが意思決定する政治システムで解こうとすると、問題を次世代に先送りする誘惑に抗することができない。財政の健全化、地球温暖化など世代間問題への取り組みが遅れることは、現代人が将来世代の利益を十分に考慮に入れた倫理観や公共哲学を身に着けていないことの自然な結果であるとも言える。

迂遠なようだが、世代を超えた持続性に価値を

05

「全世代」に将来世代を含めよ

小塩隆士 OSHIO Takashi
一橋大学経済研究所特任教授

全世代型社会保障を構築するという場合の「全世代」には、若年層から高齢層までを含む、今を生きる世代を考えることが普通である。全世代型社会保障とは、年齢を軸にして若い世代が高齢世代を扶養するという仕組みを改め、すべての世代が負担能力に応じて社会保障を支える、という発想であり、それはそれでもちろん望ましい。しかし、負担の増加は誰もが嫌だし、給付の削減もできれば避けたい。だから、社会保障を全世代型に再編するとしても、負担の増加や給付の削減はほどほどにされる可能性が高い。いわゆる「シルバー民主主義」という概念を持ち出すまでもなく、民主主義は今を生きる世代の利益の最大化を目指す仕組みだからだ。

この仕組みは、負担を将来世代に先送りする意思決定につながりやすい。負担をどんどん先送りしても、人口が順調に増加している限り、1人当たりで見れば、分母が膨らむので無限の将来にはゼロに近づく。だから、将来世代に迷惑はかからない。しかし、出生率の長期低迷に示されるように、私たちは人口の再生産からすでに手を引いている。そうなると、今を生きる全世代の幸せの追求は、将来世代の幸せを引き下げることになる。

民主主義が人々の幸せの追求に貢献し続ける前提は、人口増加である。その前提が崩れている。私たちがこうした民主主義のいわば生物学的限界を意識し、将来世代の幸せもしっかり考えるのであれば、全世代には、今を生きる世代だけでなく、将来世代を含める必要がある。

置く新しい「世代間倫理」または新しい「社会契約」を構想するべきではないか。そのような野心的な取り組みとして、2022年に出版された廣光俊昭著『哲学と経済学から解く世代間問題』（2023年度、日経経済図書文化賞受賞）を挙げたい。

哲学者サミュエル・シェフラーは、思考実験として「自分の死後に世界が滅びる」と仮定したら人はどう感じるか、と問いかけた。自分の死後に世界が滅びるなら、いま自分がしている仕事や活動の大半が無意味に思われ、人生に価値を見出せなくなる。「世界が自分の死後も持続すること」がいまを生きる自分の人生に価値を与える、とシェフラーは論じた。廣光は、これを引用し、「世界の持続」は将来世代と現在世代に共有される価値であると

した。そこから世代間に「公共的互恵性」が成立する。

廣光の議論を発展させると、「公共的承認」という概念も考えることができる。アクセル・ホネットは人間の活動は他者からの承認を獲得することを目的とする「承認をめぐる闘争」であると述べている。生の価値が他者からの承認に根拠を持つとしたら、私に承認を与える他者は誰から承認されるのか、と辿っていくと、究極的にはまだ生まれない将来世代に行きつく。無限遠の未来の将来世代からの承認が、我々現在世代の生の価値を与えるという「公共的承認」を認めるならば、持続性の問題は我々の現在の生に直結する。こうした発想に基づく新しい社会契約論が、持続性の問題に対処するために求められている。

06 若者・子育て世代に必要なのは社会保障負担の抑制

岩本康志 IWAMOTO Yasushi
東京大学大学院経済学研究科教授

岸田首相は2023年の年頭記者会見で、少子化問題は待ったなしの課題であり、異次元の少子化対策に取り組むことを表明した。「『待ったなし』の少子化対策の推進」を唱えたのは、2009年の『少子化対策白書』である。その14年後に相変わらず待ったなしと言っているようでは、危機感のかけらもなく、暢気なものである。

6月にまとめられた「子ども未来戦略方針」は、「若者・子育て世代の所得を伸ばさない限り、少子化を反転させることはできない」としている。このことは正しいが、そのために何をすべきかについては、異次元（あさっての方向）に向かっている。

若者・子育て世代の将来の可処分所得の成長を阻むものは、増大する社会保障負担である。これはいまでも生じている現象であるが、少子高齢化

の進展によって極めて長く続くことになる。政府の社会保障負担の見通しは、高齢者人口がピークに達する時期として、2040年までしか示されていない。そのため、子どもと高齢者を扶養する現役世代の人口はその後も減少していくことが見過ごされている。現在の社会保障制度の給付と負担の構造を維持する限り、現役世代の負担は今後上昇していくと考えられる。経済成長によって可処分所得の減少を抑えることにも限界がある。

若者・子育て世代の所得増加を持続可能なものにするには、社会保障改革によって社会保障負担を抑制することが必要となる。そのためには、高齢者への社会保障給付を若者世代に依存しない形に見直すこと、高齢者向け給付の見直しと高齢者の負担増が求められる。

政府は社会保険料の上昇幅に関する将来試算を示せ

小黒一正 OGURO Kazumasa
法政大学経済学部教授

急速な少子化が進むなか、政府は「異次元の少子化対策」（こども未来戦略方針）の財源（3兆円半ば）の一部を賄うため、「支援金」制度の創設を決定した。

医療などの社会保険料率の上乗せで一定の財源を捻出する仕組みだが、これは企業の競争力を削ぎ、子育てを担う現役世代の負担が増す可能性があるとの懸念の声も聞こえてくる。

「国民負担率」は1980年度に30.5%（税21.7%、社保8.8%）に過ぎなかったが、2023年度では46.8%（税28.1%、社保18.7%）に膨張する見通しで、租税と社会保障負担率の内訳からも読み取れるとおり、国民負担率の増加の大部分が社会保険料率の負担増に起因することが明らかなためだ。

では今後、社会保険料率はさらに何割増となるのか。大雑把な試算だが、財務省「財政制度分科会」（R5年9/27開催）の参考資料では、「社会保障給付の見直し等を行わなければ、2018年度と比べ2040年度にかけて保険料率を2割前後（1.14倍～1.25倍）引き上げることとなる」可能性を指摘している。

この状況を放置すれば、国民負担率が50%を超える日もそう遠くない。小さな政府を目指した小泉政権期では、少子高齢化が進むなか、現役世代の負担増を抑制するため、2004年に年金改革を行い、厚生年金の保険料率の上限を18.3%に定めたが、医療・介護の保険料率には切り込んでおらず、現在も上限が存在しない。子育てを担う現役世代の負担増を抑制するためにも、政府は2040年度・50年度までの社会保険料率の上昇幅に関する試算を示した上で、社会保険料率の全体に上限を定めることも検討すべきではないか。

志は高く、できることを着実に、備えも怠りなく

貞森恵祐 SADAMORI Keisuke
国際エネルギー機関エネルギー市場・安全保障局長

2023年は観測史上最も暑い1年となり、気候変動リスクが益々強く認識されている。低炭素エネルギーへの転換は化石燃料資源に乏しい日本にとってその技術力を活かすチャンスとなるはずのものである。欧州や米国などは日本よりも再生可能エネルギー資源を低コストで利用できる環境にあるものの産業や長距離輸送等の部門の低炭素化の目途が立っているわけでもない。しかし、2050年ネットゼロという高い野心的な目標を掲げて低炭素技術の開発導入に思い切った支援を行っている。一方、日本は、従来、確実にできることしか国際的にコミットしない傾向が強かった。しかし、今回はネットゼロという高い志を躊躇なく掲げていることを高く評価したい。

08 時間の価値から捉える少子化対策

三神万里子 MIKAMI Mariko
ジャーナリスト

女性のキャリア形成期と生物的な妊娠時限は重なる。1日24時間の中でいったいどうすれば男性より長寿の生活基盤を強固にできるか、頭は不安で満ちる。機会費用的な計算に子育てをも組み込み悲観するのが少子化の一因であり、場当たり的な金銭支援は不安を払拭しない。

広島県青河町の住民出資による地域企業は、この痛点に届く策を民間で作り出した。地域の出生率を2.28に上げ、500人台の人口を維持しつつ世代構成を若返らせる。子供の進学等で若年世帯が転出しても、再び共働きの若年夫婦が入居する。

当地が選ばれ子供が増えるのは、圧倒的な時間効率を得られるためだ。まず、住戸間に垣根がなく、子供たちが親戚のように隣人宅を行き来する関係が作られ夫婦が子育てにかかりきりになる時間を減らす。地域会社が再生可能エネルギーで得た売電収入を充当し、傘下の戸建て住宅を「年間」1万円からという破格の賃料で若手世帯に貸す。光熱費も大幅圧縮でき、地域ビジネスで副業の機会もある。都市部から車で1時間強の立地のため何とか元の職場を辞めずに給与は確保でき、子育て世代の貯蓄スピードは一気に増す。実際、「ここなら3人まで育てられる」と20代の女性は語った。

若年世代はタイミングや時間単位の経済効果、持続性を重視する"タイパ"（タイムパフォーマンス）概念で動く。出資者である住民も、目先の配当金より、町が独居高齢者だけになる事態を防ぐことを優先した。結果、自らの将来不安が減り地域の資産価値も守られる。個別の空き屋提供や発電事業単体は全国各所にあるが、似て非なる例だ。安心して子供を育てられ、出生率が上がる社会を構築し直すには、時間を軸にした視点が有用だろう。

化石燃料使用は2023年においても増加しているが、着実な進歩もある。再生可能エネルギー導入は今年500GWという最高値を記録し、太陽光発電だけをみればネットゼロ達成に必要な割り当てられた増加分を達成している。電気に関しては、今後の新規需要は全て低炭素電源で賄われる見込みである。IEAのWorld Energy Outlook（WEO）における現状の政策レベルを前提にする基本シナリオでも2030年前に全ての化石燃料がピークを迎える見通しとなった。ネットゼロに向けては、更に、省エネ、再エネ、原子力など既存技術の最大活用を図って排出削減を着実に進展させ、水素などの新技術の開発導入を加速させる必要がある。

こうした進展を踏まえて、化石燃料使用の削減を少しでも早く実現する必要があるが、実際に化石燃料消費が減るかは不確実である。上記のWEOの基本シナリオでも、石油とガスの消費水準は2050年でほぼ現状と同レベルに留まる。化石燃料消費を削減する政策の有効性が不十分な状況で供給低下に向けた圧力がかかれば、エネルギー価格の高騰・乱高下につながりかねない。昨年のロシアによるウクライナ侵攻はその脅威を世界に再認識させた。国際政治の分断リスクを管理しつつ、エネルギーの安定供給維持と低炭素への転換を着実に進展させていくための国際協力の重要性は一段と高まっている。

10 持続的な食料システムに向け、各地域での連携強化と実践を

久納寛子 KUNO Hiroko
経済協力開発機構日本政府代表部参事官

2023年は、ハワイやニューヨークなど日本人にもなじみのある地域から報じられる山火事被害やその影響に関するニュースに心を痛めながら、観測史上最も暑い夏を経験された方が多かったのではないだろうか。ロシアによるウクライナ侵略以降、高騰していた小麦やトウモロコシの国際価格が徐々に侵略前の水準に落ち着きをみせる一方で、コメの国際価格は上昇しつづけ、旺盛な需要とコメの主要輸出国であるインドの輸出規制強化等も相まって、コメの価格は2022年を上回る高値圏で推移している。また世界的な渇水は、世界全体の食料生産に負の影響を及ぼしている。

2023年4月には宮崎市においてG7宮崎農業大

11 温室効果ガス削減：2035年目標の策定へ

橘川武郎 KIKKAWA Takeo
国際大学学長・国際経営学研究科教授

2024年もまた、近年と同様に、カーボンニュートラル（温室効果ガス排出実質ゼロ）の実現へ向けて、世界各国が温室効果ガス（GHG）の削減へ真剣に取り組む年となる。2024年に焦点となるのは、それぞれの国が2035年へ向けた削減目標を策定することである。

2023年5月に広島で開催されたG7（先進7ヵ国首脳会議）に先立って同年4月に札幌で行われた主要7ヵ国のエネルギー・環境担当大臣会合は、「2035年に温室効果ガスの排出を2019年比で60％削減する」ことを共同声明に盛り込んだ。日本はG7の開催国として、この新しい削減目標を事実上、"国際公約"したことになる。

日本のそれまでの国際公約は、「2030年にGHGの排出を2013年比で46％削減する」というものであった。2013年度から2019年度にかけて、わが国の年間GHG排出量（二酸化炭素換算値）は、14億800万トンから12億1000万トンへ、14％減少した。14％減少した年間GHG排出量をさらに60％削減するというのであるから、これは大事である。「2035年GHG2019年比60％削減」という新しい国際公約は、「2013年比」に換算すると、「66％削減」を意味する。期限が2030年から2035年へ5年間伸びるとはいえ、削減比率は46％から66％へ20ポイントも上積みされるからである。

世界各国は、2025年にブラジルで開かれるCOP30（国連気候変動枠組条約第30回締約国会議）に、2035年のGHG削減目標を持ち寄ることになっている。そこへ向けて、2024年に日本政府は、第7次エネルギー基本計画の策定作業を本格的に進めることになる。GHGの削減比率を20ポイントも上積みしなければならないので、その作業が難航することは間違いない。

臣会合が開催され、今後の農業・食料政策の方向性として、

① 既存の国内農業資源を持続可能な方法で活用し、地元の、地域の、そして世界の食料システムを強化する方法を模索すべきこと

② 持続可能な生産性向上のための実践的な措置 農業・食料システムの持続可能性の向上は生産性を高める方法で行われるべきこと

③ 農業・食料システムの全ての段階における、あらゆる形のイノベーションの実施と利用が重要

などが盛り込まれたG7農業大臣声明が発出された。世界の食料需給をめぐる情勢が大きく変化する中、G7各国の農業大臣が食料安全保障に関する新たな方針を一致して示した点で意義深い。

農林水産業は、世界の各地域における多様な気候条件・地域性のもとで営まれており、万能 (one-size-fits-all) な解決策はない。我が国においては、「みどりの食料システム戦略」に基づき、農業者、事業者、消費者が連携し、生産力向上と持続的な食料システム構築というチャレンジングな課題の両立を目指している。2024年も引き続き各地域での実践をさらに推し進め、取組の輪を面的に広げていくことが重要である。

12 ESG金融を巡る環境変化と今後

竹ケ原啓介 TAKEGAHARA Keisuke

株式会社日本政策投資銀行設備投資研究所長

ESG金融をめぐる潮目が変わったとの指摘を最近よく目にする。米国フロリダ州でESG要素を組み込んだ投資等を禁じる反ESG法が制定されたのを機に、この分野のオピニオンリーダーが「今後ESGという言葉は使用しない」と発言し、実際にESGファンドの閉鎖が米国で相次いだ。また、原油価格の上昇を受けて上流での投資が拡大する一方、資材価格の高騰や金利上昇により大規模な洋上風力プロジェクト頓挫のニュースが続いたのも記憶に新しい。一連の情報を連動したものと捉えれば、これまで順調に拡大してきたESG金融に逆風が吹いたように見える。事実、2023年11月に公表されたGSIRの集計では、2022年の世界ESG投資残高が、前回調査の2020年から初めて減少に転じている（35兆米ドル→30兆米ドル）。集計方法の変更により直接比較はできないとの注記つきながら、その要因は米国の大幅な減少であり、同国の党派対立が影響したのは事実だろう。ESGが化石燃料への投資を抑制させ、これが現在のエネルギー価格高騰を招いたという批判が右派にとって恰好の政権攻撃の武器となった形だ。

確かに、2050年カーボンニュートラル (CN) 実現のために化石燃料からの即時撤退を求める、ネガティブスクリーニングとダイベストメント志向のESG投資家も存在する。しかし、ここで強調すべきは、「ESG金融」の多義性である。今こそ、CNというゴールだけでなく、そこに至るプロセスに目を向け現実的な移行を支える「トランジションファイナンス」の有効性に注目すべきだ。このコンセプトを大切にしてきた日本の金融界が中心となって、「透明性のあるトランジションファイナンス」を中軸に据えることにより、ESG金融をめぐる状況は大きく変わりうる。

13

垂直農業のポテンシャルを食料安全保障に活かす

二宮正士　NINOMIYA Seishi
東京大学名誉教授

我が国の食料政策の基本となる「食料・農業・農村基本法」[1]の大幅改訂に向けた作業が進んでいる。近年施行された農業の生産性と持続性を謳う「みどりの食料システム戦略」[2]に加え、不安定な世界情勢や日本の相対的経済力低下、農家の高齢化等の中で急速に顕在化してきた我が国の食料安全保証に関わる懸念への対応が盛り込まれそうである。いずれも解決にはさまざまな困難が立ちはだかっている。

ところで、コムギの生産性を10層（1層1メートル高）の垂直農業で、通年5回収穫すれば、土地面積当たりの生産性を世界平均の3.2トン/haから220倍から600倍にもできるという論文が、2020年発行の権威ある米国科学アカデミー誌に掲載された。それぞれ1回の栽培で14.4トン/haと38.8トン/ha収穫できる計算になる。前者は、好適な環境さえあれば実現できることが知られているが、後者は、通常はあり得ない晴天時の1.4倍の太陽照度や、大気の4倍の炭酸ガス濃度まで光合成効率が上昇するというコムギの特性を勘案してシミュレーションで求めた値である。

垂直農業は完全人工閉鎖環境で行う階層化された農業であるため、農薬が不要、肥料は再利用され環境へ不排出、水の完全リサイクル、気象的不確実性が無く気候変動と無関係、厳密な計画栽培管理の実現、ロボット化の容易性、フードマイレージ問題の解消など、空調や照明エネルギーと建物コストを除けば理想に近い。冒頭の論文では今のところ経済性で慣行の生産に太刀打ちできないと結論しているが、食料安全保障のためのオプションとして、そのポテンシャルは捨てがたい。日本のコムギ需要は年間600万トンで自給率は15%に過ぎない．極端な単純計算であるが、増え続ける空きビル床面積1,000haがあれば、一室3層として、その自給率を10%程度向上できることになる。ちなみに、予測された最高収量の達成には、専用品種の育種や栽培システム開発など大幅な技術イノベーションも必要である。

[1] 農林水産省「食料・農業・農村基本法」
　　https://www.maff.go.jp/j/basiclaw/
[2] 農林水産省「みどりの食料システム戦略トップページ」
　　https://www.maff.go.jp/j/kanbo/kankyo/seisaku/midori/

14 食料安全保障のために、農地の維持を優先課題として補助金を増やすべきだ

平澤明彦 HIRASAWA Akihiko
株式会社農林中金総合研究所理事研究員

世界の飢餓人口はパンデミックやウクライナ紛争により急拡大した後、2023年は高止まりとなった。食料を輸入に依存する低所得国は債務問題やドル高で国内食料価格が低下し難く、消費者救済策の余裕も限られている。一方で高所得国は穀物を燃料や飼料に使っている。自由貿易は円滑な食料輸入にとって重要であるが購買力のない国は疎外される。低所得国が自国で食料を生産できるようにすることと貧困対策が重要だ。

気候変動や戦争など食料の国際供給は不安定要素が増している。それに対して日本の農業は、有事で輸入が止まったら、国民が最低限食べるだけの食料を供給する生産力すら不足しかけているのが現状だ。かつての東西冷戦構造下では、当時、食料が余っていた米国から、日本はその余剰分を必要なだけ買うことができた。しかし、この20年で状況は変化した。中国などの大きな買い手が増えて獲得競争が強まる中で、日本の購買力は相対的に低下し、日本の食料輸入の安定性は損なわれる懸念がある。

それにもかかわらず、日本国内の生産基盤は、輸入に依存してきた結果、もはや、非常に脆弱になってしまっている。農産物の輸入自由化の流れに対して、農林水産省は付加価値の高い品目の生産を推奨し、「強い農業経営を増やす」というミクロな政策に重きを置いてきた。これは良い面もあったが、半面、脱落する人も多く、生産基盤が全体として縮小した。

日本の食料安全保障の観点では農地面積の確保が重要であり、コメや飼料などカロリー貢献度の大きな品目を生産できる「土地利用型の農業」を支えていく必要がある。日本は農地が大幅に不足しているにも関わらず米の生産力過剰が半世紀も続き、水田の耕作放棄が進みつつある。輸入に依存している麦・大豆・トウモロコシなどへの転換により農地を維持すべきだ。水稲より所要労働力が格段に少ないので急速に悪化している労働力不足の対策にもなる。

日本の農業がこれ以上深刻な事態に陥るのを避けるには、農地の維持を農業政策の優先課題として掲げたうえで、土地利用型農業で十分な収益性が得られるように技術開発や販路開拓、補助金を増やすことだ。人口の減少による消費の変化に合わせて超長期の生産転換が必要だ。農業は元来、他産業に比べ生産性の向上に限界があるため、先進国は補助金で農家に所得補償するのが常である。安全保障環境は激変しており、不測時に備えて食料の安定供給を確保するために税金を使うのは、国民も合意するのではないか。

IV

多様性を
実現する

國井秀子

白波瀬佐和子

駒村康平

権丈英子

逢坂巌

見世千賀子

菊池武晴

権藤恭之

01

多様性・ジェンダー平等実現の加速を

國井秀子 KUNII Hideko
芝浦工業大学客員教授

世界各国が取り組んでいる課題の中でも、特に、日本が遅れているのが、ジェンダー平等のテーマである。世界経済フォーラムの2023年発表のデータによれば、日本は、総合ランキングで146カ国中125位と格段のジェンダー格差がある。

この遅れの原因としては、旧い「性別役割分業」がある。男性の育児休業取得率が低く、家族ケアは、働く女性の大きな負荷となっている。さらなる制度の改善と、活用しやすい風土、環境作りが必要である。

加えて、無意識のバイアスによって、女性のキャ

02

ジェンダー平等は超高齢社会の未来図

白波瀬佐和子 SHIRAHASE Sawako
東京大学大学院人文社会系研究科教授

ジェンダー平等は世界に共有する課題であり、世界経済フォーラムによると、現状、男女均衡を100として、平均して7割にも満たない状況にあり、東アジア大洋州地域では目標に達するまでに190年弱かかると試算される。2023年、日本は146か国中125位と、過去最低の値を呈した。なぜ、これほど男女比が大きいのか。産業化という観点で、日本は1960年代にいち早く欧米の仲間入りをした。それが今、名目GDP世界ランキングが日本は4位となり、GDP成長率はマイナスとなった。それでも、戦後の固定的、かつ保守的なジェンダー規範から抜け出せない。大きく変化する世界の動きに後れをとったものの1つに、ジェンダー平等に向けた果敢なかじ取りがある。

いま、さまざまな人生における選択の自由が特定のジェンダーであるがゆえに剥奪されてきた事実は否めない。父親役割に母親役割。そこには、ジェンダーを超えた労働者の位置づけというよりも、男性か、女性か、父親か母親か、によって、想定される労働者役割が異なる。つまり、そこでは、子育てを含むケア提供と家計稼得の役割は同一の者が遂行することが設定されず、諸制度の前提への修正がなされないままである。

少子高齢化の中で人口減少が加速する中、新たな形の成長（包摂的な成長）を実現したいのであれば、これまでにない斬新なアイデアと人材育成が不可欠である。そのためには、これまでどおり、男性だから、女性だから、性的マイノリティーだからと、個々人の才能や強みを不要な前提で摘み取ってはならない。ジェンダーを超えて個々人の強みを伸ばしてこそ、超高齢社会の未来がある。

リア形成が進まず、女性管理職比率が低い。女性の理工学分野などへのキャリアも狭められている。意識の変革には、粘り強い啓発活動が必要であるが、日本は、格差についての実態把握も不十分で、ジェンダー・データの収集や分析、開示が望まれる。ちなみに、「3歳児神話」や「女性脳」などの偏見について、世界で脳科学などの研究が進んでいる。

ところで、近年、ますます重要性が増しているのが、人材の多様性である。技術が進化し、社会が大きく変化している今日、社会システムも事業形態もスピーディに変革する必要がある。ここで

期待されるのが、集団知である。多様な人材の自由闊達な議論によって「集合知」が増大すれば、問題解決能力が高まり、イノベーション力が増す。人口の半分の女性が、仕事で男性と同等の責任と権限を持てば、景色が変わる。

持続可能な健全な社会の構築には、ジェンダー平等は必須である。現状の「男女共同参画」や「女性活躍推進」の取組の速度では、差別解消に100年以上かかる。女性差別撤廃に向けて、「暫定的な積極的是正措置（ポジティブアクション）」や啓発活動などの強化が求められる。

03

ジェンダー・ギャップ解消が日本の未来を開く

駒村康平 KOMAMURA Kohei
慶應義塾大学経済学部教授

日本経済は、1990年代前半から長期の経済停滞に苦しんでいる。その原因は、バブル崩壊によりそれまでの社会経済システムの基軸であった日本型雇用システムが崩壊したにもかかわらず、新しい社会経済システムを見いだしていないことにある。

年功序列、長期雇用を特徴にした日本型雇用システムは、性別役割分業を前提としていた。性別役割分業は、経済面での男女ジェンダー・ギャップも前提にしている。男女の大きな賃金格差が、「男は労働、女性は家事」という性別役割分業の根拠になっている。そして、税制・社会保険・企業福祉のなかにもこの性別役割分業を補完する仕組みである「様々な被扶養者優遇制度」が存在する。他国は、すでにこのジェンダー・ギャップを解消し、女性の可能性を生かし、経済成長につな

げているが、日本はジェンダー・ギャップの解消は進まないどころか悪化している。政府は、ジェンダー・ギャップの解消を掲げているが、他方で、性別役割分業を補強する「被扶養者優遇制度」の見直しを本気で進めていない。

その代表例が年金の国民第三号被保険者制度である。いわゆる「年収の壁」が問題になっているが、そこで出されている改革案は、「パートの範囲で就業時間を延ばす」程度にとどまっており、本格的な女性の社会進出、能力発揮を通じたジェンダー・ギャップ解消に取り組んでいない。2024年は5年に1度の年金財政検証、年金改革が行われるが、その場しのぎや年金制度内での狭い視点ではなく、社会経済システムを視野に入れた女性の年金制度改革を行うべきである。

04

新しい世代に合わせた
ワーク・ライフ・バランス施策を

権丈英子 KENJOH Eiko
亜細亜大学経済学部教授

日本は今、本格的な労働力希少社会を迎えている。生産年齢人口は1990年代後半から減少を始めたが、実際には就業者数はやや増加してきた。だが、その増加を支えてきた高齢者や女性の特に非正規雇用の労働供給は、前期高齢者が減少し始めるとともに女性の就業率も上限に近づいてきているため、増加の余地は少ない。

今後は、労働市場での需要と供給のバランス上、働く人たちの交渉力（バーゲニング・パワー）が高まっていくことが見込まれる。使用者たちは、労働力を確保するために、魅力的な職場を提供するとともに、希少になった労働力を充分に生かしてより高い付加価値を生む経営力が本格的に問われる時代に入ってきている。

日本のジェンダー・ギャップ指数が低迷し続けている背景には、職場と生活の場において、男女の役割分業を受け入れるノルム（社会規範）が根強くあった。しかし、次第に女性の役割に関する意識も変わり、成人男女の約6割が「子どもができても、ずっと職業を続ける方がよい」と答えるようになっている。また18歳から34歳までの未婚者に「女性の理想ライフコース」を尋ねると、専業主婦や再就職コースが減り、直近では両立コースを選ぶ者が男女ともに最も多くなっている。

こうした若い世代の希望やノルムの変化に職場や公的制度がうまく対応しておらず、それが少子化の一因にもなっている。女性も継続して働くことを当然と考える新しい世代に対して、普遍的かつ包括的なこども・子育て支援を行うことを含めて、ワーク・ライフ・バランス施策のアップデートが今求められている。

06

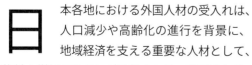

多文化市民の育成に向けた
外国人児童生徒の教育・支援を

見世千賀子 MISE Chikako
東京学芸大学先端教育人材育成推進機構准教授

日本各地における外国人材の受入れは、人口減少や高齢化の進行を背景に、地域経済を支える重要な人材として、今後益々増加することが予想される。帯同される外国人児童生徒も、未来の日本社会を担う貴重な存在である。国は、日本語教育・指導を中心に施策を進めてきているが、かれらのもつ多様な言語・文化的背景を尊重し、より良い多文化共生社会づくりに積極的に参画する多文化市民の育成を充実させる必要がある。

学校では、コロナ禍を経て、新規に来日する子どもが増えている。同時に、日本生まれ育ちの外国ルーツの児童生徒も増加している。日本生まれ育ちの子どもの多くは、日本語での日常会話に

05 女性と移民、多様性の活力を引き出す

逢坂巌 OSAKA Iwao

駒澤大学准教授・アイルランド国立大学ダブリン校（UCD）客員教授

この2年、アイルランド共和国の首都ダブリンで在外研究を送った。この間、国政選挙の度にフランスやスウェーデン、エストニア、イタリア、トルコ、ギリシアなどには直接に赴き、ヨーロッパの政治も体感した。その中で感じたことの1つに、女性の活躍がある。上記の6カ国においても、フランスではルペンが大統領選の決戦投票に進み、エストニア、イタリアでも女性の首相が誕生した。アイルランドでも今年の選挙での政権奪取を狙う最大野党シン・フェイン党の党首は女性だ。世界経済フォーラムのジェンダー指数は、日本の女性は政治的エンパワーメント（権力への参加）が遅れていると指摘する。女性は長年、歴史的にさまざまに差別されてきたが、彼女らを政治権力に包摂していくことは決定の場に多様性を与え、社会の公正性や活力を維持する点でとても重要なことだと、こちらにきて実感した。

多様性という点では、現在のアイルランド首相はインド系の移民の子供で同性愛者であることを公言している人物だ。そして、偶然にも昨年イギリスでも、インド系の人物が首相に就任したことは興味深い。アイルランドは長年イギリスに植民地支配されてきた「白人」の国である。その支配国と被支配国が、両者ともかつての植民国の末裔の「非白人」をリーダーとしていることにはそれなりの歴史的意味があるだろう。確かに、移民や人種・宗教をめぐっての課題はヨーロッパでは根深い。見学した各国の選挙でも問われ、スウェーデンやイタリアなどでは反移民を訴える政党が勝利を収めた。しかし、その一方でヨーロッパでは多様性や包摂の維持に向けた真剣な努力も行われている。女性と移民への対応は、日本社会の大きな課題でもある。

は問題ないが、教科書を読んで内容を理解したり、まとまった文章を書いたりすることに課題があり、学習に必要な言葉の力が日本語も母語も年齢相当に十分でない子どもが少なくない。言葉の力は、思考力や人間性の基盤となるものである。就学前段階から、かれらに対する日本語や母語を含む複言語環境を活かした言葉の力を伸ばす教育の充実が求められる。

中学校では、高校進学に向けた教育や支援が必須である。外国籍の生徒にとって、高校進学と卒業は、在留資格との兼ね合いにおいて、日本で安定的な生活基盤を築けるかどうかに大きく関わる。しかし、日本語能力が十分でない生徒に、一般入試のハードルは高く、外国人生徒の特別の定員枠をもつ高校もあるが、対応は自治体間で差がある。また、入学後に日本語や教科学習の適切な支援が受けられず、留年・中退をするケースもある。高校では卒業後の進学・就職等、多様な進路に向けたキャリア支援も必要である。高校での外国人生徒の教育体制の整備は、喫緊の課題である。

外国人生徒も日本の生徒も、多文化共生社会の市民性の育成と、生徒の希望に沿うより良いキャリア形成に向けて、幼保・学校・産官学・地域社会等、日本社会全体で連携し、格差なく取組むことが求められる。

07

「健康になれるスマホ講座」から見えてくるもの

菊池武晴 KIKUCHI Takeharu

福井工業大学経営情報学部経営情報学科教授

福井県あわら市は人口約27,000人、芦原温泉で有名である。今般、あわら市役所、習慣化アプリ「みんチャレ」の運営会社エーテンラボと協働し、あわら市民を対象に「健康になれるスマホ講座」を実施した。市民40名（うち93％が高齢者）が参加、1チーム5名程度で9チームを作り、スマホアプリ上でチーム内にて30日間毎日、歩数と写真付きでその日の出来事等を報告しあった。

この取り組みから見えたことは、「仲間がいることによる推進力」である。スマホが苦手であった高齢者といえども、毎日仲間に伝えることがあればデジタルツールに習熟するようになり、同時に健康になれることを実証した。30日間の取り組みにより、参加者の平均歩数は1日当たり約4,000歩から約5,500歩へと1,500歩増加した。参加者によれば、「今日はこれをしよう、あれを送ろうと頭を使うようになった」、「報告することで歩く意欲が高まった」等の声が聞かれた。歩くことは健康によい、と諸研究が示していても、1人で継続することはハードルが高い。それを誰かと報告しあうことで楽しく継続できる。

地方でも都会でも孤立した高齢者や若者が増えている。これらの人々を含めデジタルツールを使って新たな生きがいの場を作ることは、効果的な政策であろう。一方で、このような場の創出には適切な産官学連携が必要である。本件は小さな事例に過ぎないが、関係者が「地域のデジタル力をあげて皆が幸福になる」、という最終ゴールイメージを共有できること、また、各組織の担当者がある種の「仲間意識」をもってゴールに向かうこと、が成功のポイントだと考える。

08

幸福長寿社会に向け 老年学教育を推進せよ

権藤恭之 GONDO Yasuyuki
大阪大学大学院人間科学研究科教授

我が国は、100歳まで生きることが当たり前の国となった。一方で、ある調査では100歳まで生きたい人の割合は約25%であり、諸外国に比べて圧倒的に低いと報告されている。その理由で最も多かったのは「まわりに迷惑をかけたくない」であった。「まわりに迷惑をかけない」自立した生活は、高齢期をしあわせに生活するための最重要事項であることに異存はない。

この課題に対して、多くの人たちは肉体的な若さを追求し、機能を維持することで解決しようと試みているようだ。もちろんこの戦略に対しても大いに賛同する。しかし、個人が自立した生活を送るために必要な力は加齢に伴って低下し、人生の最晩年では自立が困難となる。

私が長年調査してきた「百寿者」の方々の中には、非常にお元気な方が存在される一方で、自立が困難になり、周囲に依存しながらもしあわせに生活されている方も少なくない。注目すべきは、その方々の周りに、「迷惑を迷惑だと感じていない人たち」が存在することだ。

「まわりに迷惑をかけない」ことに注力する単一の戦略だけでは「賢者の石」や「若返りの泉」を求めていた何世紀も前の人たちのそれと変わらない。21世紀に生きる私たちは、人生の最晩年には「まわりに迷惑をかけることを積極的に受容する」ことが超高齢期をしあわせに過ごすための第2の戦略となることを世代の垣根を超えて理解し、共有すべきである。

老年学は、高齢者のための学問ではなく、すべての世代が自分自身の人生を考えるための学問でもある。多世代で老年学の知識を共有することが、しあわせな長寿社会の実現に不可欠である。

V

VUCAの時代の
学びと仕事

01

「回り道は近道だ」
——セカンドチャンスを制度化する

山田勝治 YAMADA Katsuji
大阪府立西成高等学校校長

不登校29万人超過は学校化社会に対する警告だと思う。

日本の学校は「できる」（能力・学力）にこだわり続け、その価値だけで子どもや若者を「振り分け」てきた。その意味で、日本の教育界は「ポストモダン」さえまだ経験していないのではないかと思う。

いわんやsociety5.0などという世界観には共感すら得られない。

2016年教育機会確保法（「義務教育の段階における普通教育に相当する教育の機会の確保等に関する法律」）の成立により、フリースクールなどの学校以外の教育機会に光が当たったが、学校社会の衛星として同じ軌道を回っているだけのように思える。

OECD加盟国の調査で若者の死亡原因を調べる調査があった。若者（15歳から34歳）のいずれの年齢でも、日本だけが死亡原因の第1位を自殺が占めている。日本の若者は何に絶望し、なにゆえ不幸なのか？おそらく、不登校29万人と同じ病根のように感じる。そして、多くの若者を世に送り出す教育関係者はそのことをどうとらえるべきなのだろうか？

私は20年以上にわたって、高等学校教育の大衆化の「影」の部分である「中途退学」のことに関わってきた。そして、そこに学ぶ多様な生徒たちを社会に包摂して育てるのに必要なものは何かを考えてきた。

一般的には「基礎学力」の保障のための手厚い学習体制や熱心な補講習などが想起されるが、私はそうは思わない。熱心に「できること」を保障しようとする取り組みは往々にして「できること」を強いる管理的な学習プロセスを伴う。結果、学びからの逃亡を引き起こす。「承認・ケア」を重視する福祉との連携の中で、失敗を許容する社会的風潮を醸成することが大切だ。セカンドチャンスを制度化することが、安定した社会の支えとなる市民層の育成につながると確信している。教育と福祉の連携により、個人的幸福だけでなく、集団としてのWell-beingに働きかけることが期待される。それは単に労働の準備のためだけの教育でなく、市民として社会に参画するスキルとエージェンシーを高める取組になるはずである。

「回り道は近道かもしれない」——再チャレンジに寛容な社会を実現しよう！

02

自ら学ぶ個人をつくる、意図的な「対話の場」の創出

辰巳哲子 TATSUMI Satoko
リクルートワークス研究所主任研究員

人的資本経営が話題だ。ノーベル経済学賞を受賞したベッカー博士は人的資本を「教育や訓練を通して高めることができる人間個人の能力」とし、人への投資こそがもっとも価値あるものであることを示した。人的資本経営とは、「人材を『資本』として捉え、その価値を最大限に引き出すことで、中長期的な企業価値向上につなげる経営の在り方」で、2023年3月期から上場企業の人的資本に関わる情報開示が義務化されたこともあり、多くの企業が具体策を模索している。

そもそも、人的資本の所有者は個人だ。ところが学びについてはとかく「やらされ感」のある人も多い。長くやらされてきた「勉強」のイメージが強く、学びの主導権を取り戻せない大人も多い。個人が学びの主導権を取り戻すのは簡単ではない。このまま学びの主導権を渡さずやらせ続けるのか、あるいは、個人に学びの主導権を取り戻してもらうための場を創る支援をするのか、企業は問い直す必要があるだろう。

これまでに従業員の学び支援をしてこなかった企業では、通信講座や人気講師の講演会を開催するなど、福利厚生の一部として実施されているケースも多い。しかし、通信講座などで既知のやり方を学ぶだけでは、事業展開や新たな価値創造に必要な人材は育成できない。各企業が真の価値創造に向き合おうとした時には、継続した意欲や行動が必要となり、サスティナブルな学びが必要になるが、「やらせる」学びは長続きしない。

調査研究[1]からは、意図的な「対話の場」がある企業ほど学んでいる人が多いことが明らかになっている。戦略的な人材開発を進めるためには、組織で学ぶ仕掛けこそが必要だ。個人が持つ学びの種を見つけ、発芽させる機会を意図的に創ることこそが、真の意味での「人的資本経営」であり、組織を強くしてくれるものだろう。

[1] リクルートワークス研究所「対話型社会の学び方を研究するプロジェクト」
https://www.works-i.com/project/interactive.html

03 令和の日本型教育は実現できるか

志水宏吉 SHIMIZU Koukichi
武庫川女子大学教育総合研究所長

2021年、文部科学省は「令和の日本型学校教育」というコンセプトを打ち出した。「個別最適な学び」と「協働的な学び」の同時実現をめざすというものである。「ゆとり教育」や「たしかな学力」や「生きる力」などが、それぞれの時代の学校教育で追求されてきた。そして、ポストコロナ時代の学校に求められているのが、「個別最適な学びと協働的な学びとの統合」である。

とりわけ強く打ち出されているのが、「個別最適な学び」である。その背景にあるのが、生成AIに代表されるICTの加速度的な発展とそれに遅れをとってはならないという関係者の危機感である。文科省によると、「個別最適な学び」には、「指導の個別化」と「学習の個性化」という二本柱が必要である。そこにあるのは、独立した個人が、自らの個性や能力を伸ばすために、情報機器を駆使してどんどん学習を進めていく姿である。決まった内容を標準的なスピードで皆に習得させようとしてきた従来型の授業の形とそれとをぴったりと重ね合わせることは難しい。

教室には、いろいろな背景や特性をもった子たちがいる。端的に言うなら、勉強が苦手な子や主体的に取り組む意欲が出にくい子もいる。その子たちに「個別最適な学び」だけを押しつけてもうまく機能しないだろう。文科省も、第2の重要な要素として「協働的な学び」というものを付加している。具体的には、子どもたち同士の学び合いや教え合いである。

協働的な学びが教室における学習活動の基盤となり、その土台のうえで個別的な学びが構築されなければならないと私は考える。決して逆ではない。教育関係者は、その関係性を常に心に留めておく必要がある。

05 日本の教育格差とその背景：教育の役割は何か

垂見裕子 TARUMI Yuko
武蔵大学社会学部教授

近年、教育格差という言葉は日本社会でも広く浸透したが、社会全体として教育格差を問題視し、是正しようとする動きはまだ鈍い。教育格差の中でも、本人が変えることのできない生まれ（SES：家庭の社会経済的地位）による学力格差に焦点を絞ろう。日本ではSESが高い親ほど、子どもに高い教育期待を抱き、塾や習い事への投資を積極的に行い、様々な文化的環境や経験を子どもに与える傾向が見られ、結果的に生まれによる学力の差異が存在する。

なぜこのような学力格差が問題なのか。日本の教育制度では学力という画一的な指標で選抜が行

04
グローバル・サウスに向き合う
日本の子育て・教育とは

中邑賢龍 NAKAMURA Kenryu
東京大学先端科学技術研究センターシニアリサーチフェロー

OECD生徒の学習到達度調査（PISA）の調査結果をみると、日本の子どもの数学・科学・読解力のレベルは国際的に上位にある。しかし、日本の勢いはこの20年、様々な面で低下してきている。

勢いを増すグローバル・サウスの国々では、先進国に比べて管理は緩く、社会インフラが未整備の中で子どもは育つ。この緩さと不便さが課題とされることが多いが、その一方で、これが子どもの生きる逞しさを生み出す背景となっていると考えられる。インターネット端末さえあれば国を超えて学びが可能になった現在では、学ぶ意思があれば、学校の枠を超えていつでもどこでも学べる。そこから先進国を凌ぐ活力が社会に生まれることは想像に難くない。

国内では、高齢化する社会に対応してバリアフリーやユニバーサルデザインを考慮した社会インフラ整備が進められ、子どももその安全便利な環境で育つ。また、多くの子は受験勉強中心の教育に反発することなく、自分の好奇心よりもむしろ評価を得るために学んでいる。ゲームやSNSに没頭する子も多く、リアルな体験から学ぶ機会も減少している。日本の子どもたちが学力はあっても国際社会の中で生き抜く逞しさを失っていくのは当然のことと言える。

グローバル・サウスに向き合える力を養うには、子どもの学びの中にあえて不便や非効率を楽しむ機会を組み込む必要がある。社会の流れに抗えないと考える親や教師も多いが、子どもの未来を考えるならば、そろそろ我々の意識を根本的に変え、社会に新しい流れを生み出す時期に来ている。

われることが多く、学力が本人の学歴ひいては将来の職業や地位を決定する道具となっている。またこのような選抜制度が公平な競争とみなされている。だからこそ、その学力が生まれによって規定されてしまうとすれば、社会問題と言えよう。さらに低SESの子どもに地位向上のチャンスがない社会は、社会の二極化、分断を産むであろう。

このような学力格差が、なぜ放置されてしまうのか。第1に、教育格差の実態を正確に把握、モニタリングするための行政によるパネル調査が整備されていない。第2に、すべての生徒・学校を平等に扱うべきだという平等観が、低SES層の子どもに的を絞った支援をすることを妨げている。第3に、日本の高校制度は生徒の学力のみならずSESに応じて行く高校が分離する結果、学校内の多様性が乏しく、自分と異なる背景の他者への共感を育み、格差を自分ごとと捉える機会が少ない。学力格差は個々の生徒の問題ではなく、私たちの社会構造や教育制度が作り上げていることを認識し、「格差の再生産を断ち切ること」を教育の役割の1つとする強い覚悟が求められる。

06

義務教育段階における
社会経済的な学校間格差

松岡亮二 MATSUOKA Ryoji
龍谷大学社会学部社会学科准教授

日本の義務教育制度は標準化されていて、どの地域の小中学校に通っても一定の教育を受けることができる。この点は他国と比べて日本社会の強みだが、98%の児童が公立校に在籍する小学校であっても全学校が同じ教育環境というわけではない。保護者の職業、収入、学歴などを含む概念である社会経済的地位（Socioeconomic status、以下SES）が家庭によって異なり、両親大卒で高い世帯収入といった高SES層が都市部に偏って居住しているので、学校間には児童の平均学力や大学進学希望率などの様々な違いがある。

07

仕事と学びをどう変え、
どう結びつけるか

三輪卓己 MIWA Takumi
桃山学院大学経営学部教授

社会で求められる仕事が変わろうとしている。IT、AIの進歩や、知識社会の進展により、一般的なホワイトカラーの仕事の需要は減少し、その代わりに、創造的、あるいは専門的な仕事に取り組む知識労働や、対人的な支援等を行う感情労働の需要、価値が増大している。また、人口減少に伴う労働力不足が、様々な分野のエッセンシャル・ワーカーの重要性を高めている。企業等の組織は、自らの構成員の仕事を大きく見直すべき時代を迎えたといえるだろう。

　仕事と学びは、元より深く結びついたものであるが、その関係は今後、より重要なものになるだろう。社会の要請に応えるために、企業や学校等は新しい仕事に役立つ学びの機会を提供していかなければならない。これからの学びは、① より専門性や創造性、課題解決力を重視した学びであり、② 組織を超えて通用するもの、③ 様々な年代の大人の学びや学び直しに役立つもの、④ 働きながら、あるいは育児や介護をしながら学べるものであることが求められる。そうした学びが整備されることによって、多くの人たちが長く、変化に富んだキャリアを有意義なものにできるようになる。

　筆者らが勤務する大学、大学院も、それに貢献することが求められよう。大学教員が各自の能力を、大人の学びに応えられるように高めていくのはもちろんのこと、魅力的なカリキュラムの開発や、リモート学習等の様々な学びの形への対応も求められるだろう。企業等の組織が、有意義で魅力ある仕事を創造して構成員に与え、様々な教育機関がそれに役立つ学びの機会を提供する。そうした仕事と学びの結びつきが社会の発展につながっていく。それへの積極的な取り組みが待たれている。

SESによる学校間格差は、国の政策に対する反応の違いとしても見られる。事実、全国の小中学校を対象としたデータを分析すると、コロナ禍で期待された情報通信技術（ICT）の活用と学習指導要領が定める「主体的・対話的で深い学び」に関する実践に関して、SESによる学校間格差を確認できる。具体的には、高SES家庭出身の児童生徒の割合が高い学校ではICTがより活用され、「深い学び」が実践・修得されている傾向にある。公立校に限定しても高SES校では学力が高く、授業外の学習時間も長く、保護者もICT活用などに協力的である。教育活動を実践するうえで親和的な条件が揃っている学校において、「望ましい」教育がより実践される傾向が存在するのだ。

学校SESによって教育実践の難易度が違う以上、模範例などを示して他の学校や自治体で同じ実践を再現させようとする「横展開」と呼ばれる従来の行政手法だけでは学校間格差は埋まらない。文部科学省の予算と人員を増強し、不利な学校現場を支援して効果を検証し、実際にSESによる学校間格差の縮小という結果を出すために試行錯誤を繰り返す行政に転換する必要がある。

08 ジョブ型雇用は VUCA時代に生き残るか

太田肇 OHTA Hajime
同志社大学政策学部教授

デジタル化とグローバル化の急速な進行、そしてコロナ禍の到来により伝統的なメンバーシップ型雇用の限界が露呈された。そこでいっせいに唱えられているのが、欧米式のジョブ型雇用への移行だ。しかし、そこには大きな問題が横たわっている。

1つは、ジョブ型が日本企業、日本社会の現状にマッチしないことである。解雇権が厳しく制限されている日本企業では、社員に対しジョブの継続より雇用の維持を優先せざるを得ない。またジョブ型の導入にともなって発生する社内の賃金格差拡大を、従業員や企業別労働組合がどれだけ容認できるか疑問である。未熟練の新卒者をどこが、どのように育成するかという問題も残る。

そして、より本質的な問題は、ジョブ型が経営環境の変化に適応する柔軟性に欠けるという点である。ジョブ型雇用は産業革命後の少品種大量生産の時代に形成されたものだが、VUCAの時代といわれる今日、技術的・社会的な環境の変化は激しくなっている。したがって個人のジョブを具体的に定義し、契約するという働き方は非効率である。

一方、シリコンバレーや中国・台湾などでは、企業に雇用されているか否かにかかわらず、半ば自営業のようにまとまった仕事をこなす「自営型」の働き方が広がりつつある。わが国でもコロナ禍以降、業務委託などで働くフリーランスが急増し、企業のなかでもITを活用しながら「ジョブ」を超える範囲の仕事を処理する社員が増えている。直面する労働力不足への対策や労働生産性の向上を図るため、官民が一体となって自営型就業の普及を促進すべきである。

デジタルを活用して
ギグワーカーのセーフティネット構築を

森信茂樹 MORINOBU Shigeki
東京財団政策研究所研究主幹

わが国にとって急務の政策課題として、リスキリング、職務給の導入、労働移動の円滑化からなる三位一体の労働市場改革があげられる。これを進めていくことで、1人当たりの労働生産性を高め、持続的な賃上げにつなげることが可能となる。

労働移動の円滑化やリスキリングを進めていくには、それを支えるセーフティネットが必要だが、働き方改革などで増加したフリーランスやプラットフォームで単発の仕事を得るギグワーカーは、正規雇用者に比べてセーフティネットが手薄という現状がある。

彼らも含めたセーフティネットを構築するためには、働く人々の所得情報を政府（税務当局）が効率よく入手する必要があるので、雇用者（企業）側からのマイナンバーを活用した情報提供がカギを握る。フリーランスの場合には、フリーランスに発注・支払いをする発注主（企業）から、ギグワーカーの場合には、仲介プラットフォーム事業者から、税務当局に所得情報を知らせる仕組みを構築する必要がある。

次に、その情報を給付に結び付ける仕組みも必要だ。モデルとなるのは、デジタル技術を活用して積極的労働政策とセットで導入されている英国のユニバーサルクレジットだ。毎月税務当局に送付される勤労者の所得情報が給付官庁に連携され、所得に応じた給付が行われる。所得変動の大きいフリーランスやギグワーカーには有効な制度だ。

マイナンバーの理念は、国民の所得に応じたきめ細かい社会保障制度の構築だ。政府は、マイナンバーを活用して、税と社会保障を連携したセーフティネットの構築を進めていく必要がある。

フルタイム正社員と扶養パートの
2択ではない働き方を

近藤絢子 KONDO Ayako
東京大学社会科学研究所教授

2023年は、既婚女性のパートタイム労働者が税や社会保険料負担を回避するために年収を一定以下に抑える年収の壁についての議論が活発化した。たまたま既婚女性の就労調整についての研究をしていたこともあり、私もいくつかのメディアに年収の壁についての論考を寄稿した。

しばしば指摘されることだが、結婚や第1子出産を機に正社員の仕事を辞めてしまった女性と、育休などを利用しつつ正社員就業を続けた女性で

10 2024年の賃金上昇

川口大司 KAWAGUCHI Daiji

東京大学大学院経済学研究科教授

2023年の春闘における賃上げは3.6％と予想を超える大幅な賃上げとなった。2024年にもこの賃金上昇は継続するのだろうか。足元のインフレと生産年齢人口の減少、働き方改革による労働時間の減少による労働供給の引き締まりによって、賃金上昇は2024年にも継続するだろう。ただし、2つの要因によって、通常の賃金統計による平均賃金の上がり方は限定的なものとなる可能性が高い。

第1の要因は、賃金上昇が見込めない層が労働市場において大きな割合を占めていることである。人手不足が顕在化しているパート労働市場などにおいては、賃金が上がっているが、フルタイムの労働市場での賃金が上がらない。特に中高年男性の賃金が伸び悩む。これは経済構造が長期勤続による技能蓄積が望ましい形から、そうではない形に徐々に変化してきたためだ。年功型の賃金体系が崩れつつあり、転職の機会も限られている彼らの賃金は伸び悩む。就業者全体に占める中高年男性の割合は大きいため、この階層の賃金が伸び悩めば、全体の平均賃金も上がりにくい。

第2の要因は労働者構成の変化によるものである。この20年ほどで女性の就業率は継続的に向上してきた。その勢いは衰えるものの今後もこの流れは継続する。女性はパートタイム就業をすることが多いこともあり、男性に比べて賃金が低いため、労働者に占める女性の比率が上がれば平均賃金は伸び悩む。

人手不足が深刻なパートタイム労働市場や、一部の産業に焦点を当てると賃金は継続的に上昇しようが、全体的な平均賃金は伸び悩む可能性が高い。2024年の賃金上昇はどの層の賃金に着目するかが重要になりそうだ。

は、生涯の収入で大きく差がつく。保育園や育休制度の拡充によって正社員就業を続ける女性の割合は増えているが、辞めてしまった女性の大多数が、子供がある程度の年齢になって復職しても扶養の範囲のパートにとどまっている。子供が大きくなってもフルタイムに移行する人は少数派で、正社員を続ける人と、専業主婦あるいは扶養の範囲のパートにとどまる人に二極化しているのだ。

子供が小さいうちは家庭のために時間を使いたい、という個人の希望は、子育てとキャリアを両立させたいという希望と同様に尊重されるべきだ。それは大前提として、子供の成長とともに徐々に労働供給を増やしてフルタイムに移行していくという選択肢がもっと広がっていかないと、男女間格差も縮まらない。年収の壁の存在が二極化を助長していることは間違いないが、子育てが落ち着いてきた女性をターゲットとした良質な雇用機会をもっと増やすことも必要だろう。企業にとっても、人口減少下で限られた人的資源を有効活用することがこれからますます必要になってくるだろう。

12

雇用・採用：
「個体主義的ジョブマッチング」には限界がある

筒井美紀 TSUTSUI Miki
法政大学キャリアデザイン学部教授

労働供給過多の時や不況期には、早期離職が話題になることが多い。その原因は雇用のミスマッチ、つまり、求職者が希望の職に就けなかったことや、適性や能力に合わない職に就いたことに、求められがちである。これに対して、労働供給過小の時や好況期には、魅力的な求人戦略や人手不足解消の代替テクノロジーが話題になる。現在の日本は、少子高齢の加速を反映し、後者の関心がホットである。しかし、早期離職は依然存在する。例えば、新規大卒者の3年以内離職率は3割前後で長期的に一定している。

13

地獄への路は
善意で舗装されている

鈴木康裕 SUZUKI Yasuhiro
国際医療福祉大学学長

2024年の4月から労働基準法に基づき、医師の働き方改革が施行される。

医師も人間であり、女医や家庭生活を大事にする若い医師が増えてくれば、「過労死水準」を超える「残業を強いられている」医師が4割を超えている現状を打破しないことには、医療の質と安全性、優秀な人材を確保していくことはできないと考える理由は頷ける。

一方で、医師の労働形態は工場労働者と異なり、専門職として弁護士や公認会計士に近い。自分で働き方や働く長さを調節できるからだ。

ではなぜ、弁護士と同様に、医師には「裁量労働制」が認められなかったのか？

それは、医師には医師法上、「医師は、診察治療の求めがあった場合には、正当な事由がなければ、これを拒んではならない」とする「応召義務」があり、これがあることで労働時間を自ら調節できないとされたからだ。

しかし、医師法が成立した昭和20年代、救急制度はなく、多くの開業医は診療所の裏に住居しており、夜間等に医師が診療を拒否することは命の問題であったのだ。

翻って、いまの診療所の多くは医師住居と隣接していないし、全国を網羅する救急制度もある。つまり、救急告示病院に応招義務を課すことは合理的でも、個人としての医師に応招義務を課すことは著しく現状にそぐわない。

それだけではなく、医師を集められる多くの都市部の病院では「残業時間が短い」ことを売りに求人し、逆に農村部ではより医師不足が深刻になって高齢の院長などの幹部が数多くの当直をこなさなければならなくなるなど、医師の地域偏在はかえって悪化しつつある。

大義としての正義が結果としては現状を悪化させるという例ではないだろうか。

これまで、早期離職への対応策としては、採用・求職活動時に「適性や能力に合った仕事が選択されているか、採用側と求職者側が相互にしっかり見極めよう」といった主張がなされてきた。だが、このような「個体主義的ジョブマッチング」には限界がある。なぜなら、私が調査してきた新規高卒者や生活困窮者は、ヤングケアラー、家庭の機能不全、発達障害のグレーゾーンにある者だったりすることが多いからである。どれほど希望や適性・能力に合った仕事に彼らが就けたとしても、生活者としての安心・安全が確保されなければ、仕事を継続することは極めて困難である。

人口・労働力の構造問題には、数量的側面のみならず社会経済階層的な側面もある。格差や貧困という現実を凝視したうえで、福祉的配慮も含めつつ、ペースを落としたOJTなど、なだらかなキャリアラダーを職場に創り出すことができるか。国や自治体はそれを促進できるか。言い換えれば、vacancy-centeredではなくcandidate-centeredな採用・雇用管理を促進・実践できるか。この、人的資源管理と社会政策の融合は、2024年の日本の課題の1つだと思うのである。

週4日労働は社会創造性を高めるか？

高松平藏 TAKAMATSU Heizo
ドイツ在住ジャーナリスト

従来の給与で週4日勤務。こんな議論がドイツ含む欧州内で盛ん。同時に自由時間を重視する人も増えている。この労働時間が適切かどうかは職種にもよるが、私はこれが将来的に社会創造のリソース増加にもつながると考えている。

伝統的に労働時間の対立項は自由時間（余暇）だ。この構造、ドイツでは19世紀の工業化時代に確立した。蒸気機関の導入により理論上24時間生産が可能になると、「人はどの程度の自由時間が必要か」という課題が生じる。この背景には劣悪な労働環境があり、初期段階では自由時間は「次の労働日のための回復」という意味合いだった。

その後、自由時間は経済における消費の一端を担い、また文化、教育、スポーツ、ボランティア、政治活動など、社会的な創造性のリソースとしても重要な役割を果たすようになる。

ひるがえって週4日勤務制や自由時間重視の意見が増えている理由の1つに、ネット等のテクノロジーを背景に成り立った、コロナ禍のリモートワークの影響が考えられる。「出勤は本当に必要か？」という問いが立ち、必要な生産性が保たれるのであれば、労働の場所や方法、時間を柔軟に考えても良いという意味である。

ここにきてロボットやAIなどのテクノロジーが急速に進んでいる。新たな技術は労働時間の概念をさらに変える可能性があり、「労働時間 対 自由時間」という枠組が、「生産性 対 生活の質」の調和を求める方向に変質するかもしれない。

生活の質とは、娯楽や楽しみを追求することも含まれる。自由時間の枠組が変化すると、ボランティアや社会活動など、共通の利益への貢献を「生活の質」の一部と見なす人も増える可能性もあると思う。

VI

イノベーションを促す
——仕組み、経営、学術

森川博之　　石黒不二代

岡野寿彦　　高宮慎一

楠木建　　　福島弘明

北村正晴　　森下哲朗

井垣勉　　　倉田敬子

清水洋　　　林和弘

早川真崇　　小松正

大島誠　　　原田悦子

小田島伸至　藤垣裕子

古閑由佳

01 今こそ経済成長に資する研究開発を

森川博之 MORIKAWA Hiroyuki
東京大学大学院工学系研究科教授

経済の付加価値創出力を引き上げるために、わが国の科学技術政策において社会実装に重きを置く研究開発プロジェクトが多く組成されてきた。技術を社会に実装し、経済的、社会的、公共的価値への転換を図り、経済成長に資することを狙っている。しかしながら、社会実装の成功確率が高いとはいいがたい。仕組みを変えることで成功確率を上げることはできるはずだ。

1つは、価値獲得に至らなかった理由を分析して知として蓄積し、次につなげることである。わが国では誤りを許さないという無謬性への要求が強く、研究開発は「成功」しなければいけない。社会実装にまで至らなかった理由を深掘りすることはない。

大型ロケット「スターシップ」の打ち上げに失敗したとき、スペースXのイーロン・マスクは「おめでとう!多くのことを学んだ」とツイートした。トーマス・エジソンは、「私は失敗したことがない。1万通りの、うまくいかない方法を見つけただけだ」と言っている。

うまくいかなかったこと自体も成果となる。無謬性を捨て去る勇気を持つことも大切だ。

そして、もう1つ。タスク型ダイバーシティを有するチームを組成し、技術開発以外にもしっかり資源配分をすることだ。技術者だけのチームでは社会実装は難しいためである。日本学術会議から「見解:情報通信分野を中心に据えた産業化追求型（価値獲得型）研究開発プロジェクトの推進」[1]を発出したが、事業開発、マーケティング、知財・標準化、広報、財務などの多様な人材を巻き込まないといけない。研究開発プロジェクトの立ち上げから推進まで責任を持って関与する多様性を有する中立的な組織（研究開発アクセラレータ）も必要だ。

[1] 日本学術会議電気電子工学委員会通信・電子システム分科会（2023）『見解:情報通信分野を中心に据えた産業化追求型（価値獲得型）研究開発プロジェクトの推進』
https://www.scj.go.jp/ja/info/kohyo/pdf/kohyo-25-k230926-22.pdf

02 デジタル技術の進化と「矛盾」のマネジメント

岡野寿彦 OKANO Toshihiko

NTTデータ経営研究所主任研究員

デジタル技術の進化の本質は、技術が組み合わさって機能し、それまで独立して営まれてきた事業、業務が「融合」すること、そして、この融合領域で価値を発揮する主体が競争優位を獲得することだと考える。デジタル化の進化プロセスを俯瞰的にとらえると、技術の「融合」を活かして「多様性」を取り込みながら、消費者ニーズを基点とする既存産業の再構築が一貫して行われてきたことがわかる。そして、今後の国家間の競争は、デジタル・プラットフォームを中核として、製品サプライチェーン、金融機能、インフラが融合するネットワークのコントロールをめぐって展開されると考える。

それでは、テクノロジーの融合が進む中で企業経営に求められる変革の本質は何か?中国企業を例にすると、2000年代からのプラットフォーム、さらにエコシステムの構築においては、先行投資型でスケールを確保し「ネットワーク効果」を働かせることが競争戦略のキモであり、市場機会を探索していち早く集中投資するスピード、リスクテイク、柔軟性が組織能力として重要だった。トッ

プダウンを特徴とする中国企業の組織構造は、プラットフォーム・モデルとの「相性」が良かったと言える。しかし、消費者が求める品質が高まり、「ネットとリアルの融合」が進んで安全がより重要になると、商品・サービスを開発し提供する事業現場の改善力やメンバーのロイヤリティ、組織の継続性があわせて求められている。そして、アリババ、ファーウェイ、小米など先進企業は、本来の強みであるトップダウンを活かしたスピード、メリハリある「選択と集中」に加えて、中長期志向での技術開発、ナレッジの蓄積と共有といった日本企業の強みとされる能力を「両立」する経営変革に取り組んでいる。

日本ではDXなど変革のフレームとして、既存事業の深化と新規事業の探索をバランスよく両立する「両利きの経営」が試行錯誤されている。技術の融合を活かしてイノベーションを創出しながら持続的に成長するために、「短期スピードと長期志向」など相反する「矛盾」を自社のカルチャーに合わせていかにマネジメントするか、企業経営のカギとなるだろう。

03 激動期トラップ

楠木建 KUSUNOKI Ken
一橋ビジネススクール特任教授

しばらく前に『逆・タイムマシン経営論』という本を書いた。この本のメッセージは「新聞・雑誌は10年寝かせて読め」。旬のトピックほど、その時点でのステレオタイプ的な物の見方が強く入り込んでいる。「同時代性の罠」だ。

その1つに「激動期トラップ」がある。コロナが流行って大騒動になる。すると、「今こそ激動期だ」と言いたくてしょうがない人々が出てくる。「激動期おじさん」は、何かあるとすぐに「100年に1度の危機」「戦後最大の危機」というフレーズを持ち出す。

2020年のコロナ騒動は「戦後最大の危機」とされた。2年後には、またしても「戦後最大の危機」、ウクライナ侵攻が起きる。これはどういうことか──答えは、「人間の社会だから」に尽きる。限られた時空間に、それぞれに利害を抱えた人がたくさんうごめいている。そんな人間社会で安定などあり得ない。それが証拠に、いまだかつて「今こそ平常期」という記事は見たことがない。いつも「今こそ激動期。これまでのやり方は通用しない」と言っている。

論理的に言って「激動」は連続しない。つまり、その不安定で不確実が普通だと言うことだ。世の中は絶対に安定しない。もし本当に人間社会が長期的に安定するようなことがあれば、それこそ100年に1度の激動期だとすら思う。僕はそういう社会認識を思考の前提としている。

「激動期おじさん」の経営者に「どうする?」と聞くと、「判断が難しい」──「なぜですか?」「いや、激動期だから」。難しい判断をするのが経営者であるはずだ。世の中が変わっていくからこそ、変わらない軸足が必要になる。「いろいろあるけど、要するにこういうことだよな」──このセリフが出てくる人は、自分の頭で錬成した論理を持っている。論理はそう簡単には変わらない。

いずれにせよ「激動期」だ。経営者の拠り所は論理にしかない。

05 分断する世界で求められる企業のリーダーシップ

井垣勉 IGAKI Tsutomu
オムロン株式会社執行役員常務　グローバルインベスター&ブランドコミュニケーション本部長兼サステナビリティ推進担当

米中対立をはじめとして、世界中のいたるところで国家やイデオロギー間の対立が顕在化し、世界の分断が加速している。安定した世界秩序を前提としたグローバル経済は見直しを迫られ、地政学リスクが人々の生活や企業活動に暗い影を落としている。

世界中にバリューチェーンを展開するグローバル企業は、「ステークホルダー間の信条や価値観の対立」という新たな課題に直面している。SNSを通じて、真贋が綯い交ぜとなったあらゆる情報

04 弱い信号をセンスメーキングする
——不確実性の時代に

北村正晴 KITAMURA Masaharu
株式会社テムス研究所所長／東北大学名誉教授

現代社会は不確実性に満ちており、多くの組織にとって安定的に存続し成長を続けることが困難な時代と言える。しかし、不確実性の時代を代表する事例として参照される事象の多くには、なんらかの予兆が存在することに注意したい。この予兆は、誰の目にも明らかな強い信号ではない。検知や意味づけ（センスメーキング）が難しい弱い信号（weak signal）であることが一般的である。

この弱い信号という概念はいくつか異なった文脈で論じられてきた。戦略的マネジメントの提唱者イゴール・アンゾフは、複雑な変化を示す環境下で事業を進める企業は、弱い信号に関心を向けて戦略的サプライズに備えるべきことを主張した。先見的リーダーシップの研究者ポール・シューメーカーらは、「互いに無関係に見える情報の断片で、当初はノイズと見做されるが、別の枠組みを通して見ることや、他の情報集合と結びつけることで、重要パターンの一部として認識できるもの」を弱い信号と定義して、個人、組織いずれにおいても、先行する思い込みがバイアスになって、弱い信号の検知に失敗すると警告している。この弱い信号という概念は、リーマンショックによって大きな被害を受けた金融ビジネス分野で注目されたが、最近では航空産業界の関心も集めている。ユーロコントロール（ヨーロッパ全域における航空管制機関）は、この弱い信号概念に注目して、航空安全向上を実現しようという野心的な長期プロジェクト[1]を展開している。

弱い信号の検知方策も複数提案されているが、現状はまだ発展途上である。弱い信号を早期に検知し、実効性の高い対応方策を策定することは有意義な挑戦である。本邦でも、そのような挑戦を通じて多くの組織が不確実性の時代に高いレジリエンスを発揮し成長することを期待したい。

[1] EUROCONTROL (2021) *The Systemic Potentials Management: Building a Basis for Resilient Performance*

が瞬時に世界を駆け巡る現代においては、企業のあいまいなスタンスが、顧客や従業員を含むステークホルダーから批判され反発されるリスクとなってきた。また、対立し分断するステークホルダーに対しては、画一的なメッセージやステートメントでは通用しなくなっており、企業にはステークホルダーが属する地域や文化的な背景などに配慮したきめ細かい対応が求められる。これからのグローバル企業は、多様な価値観を内包したローカルなビジネスとステークホルダーの集合体へと変貌していくと思慮する。

変わりゆく企業とステークホルダーの関係の拠り所となるのが、企業が掲げる理念とビジョンだ。企業が社会に存在する意義を示す理念と、企業が目指すよりよい社会を描くビジョンこそが、多様なステークホルダーをつなぎとめる求心力となり、世界の対立と分断を乗り越える原動力となるのだ。企業には今、そのリーダーシップを発揮することが求められている。不透明な時代だからこそ、私たち企業には「社会の公器」という言葉の意味を再認識し、断固たる行動を取る必要がある。

06 イノベーションのための 2つのリスク・シェア

清水洋 SHIMIZU Hiroshi
早稲田大学商学学術院教授

イノベーションにはリスクがつきものです。新しいことなので上手く行かないことも多いのです。だからこそ、リスクをとることが大切です。そして、そのためには、リスクのシェアが重要です。リスク・シェアがされていないのに、リスクをとるのは、山師です。

リスクのシェアで重要なのは、分散投資です。スタートアップのための資本市場の整備や年金への規制緩和などがあり、投資家は広く分散的に投

07 良き企業文化を育むために スピークアップの促しを

早川真崇 HAYAKAWA Masataka
日本郵政株式会社専務執行役（グループCCO）・弁護士

2023年に発覚したエンタメ業界における性加害・ハラスメント問題、私立大学における薬物事件、中古車販売会社による修理費水増し事件では、企業や法人のコーポレートガバナンスの不全のみならず、コンプライアンス意識や人権意識の欠如、社会の常識と乖離した組織風土の問題も指摘された。組織風土に関わる象徴的な問題は、健全な常識や人権感覚を備えた一部の関係者が問題に気づいていながら、見て見ぬふりをして声を上げなかったことである。

会社等の組織で法令違反やコンプライアンスに反する行動を見聞きした場合、職制上のレポーティングラインや内部通報制度を利用してスピークアップ（Speak Up）し、是正や改善を求めるという行動が求められる。しかし、社会の常識からかけ離れた価値観が支配する組織では心理的安全性が確保されていないため、違和感を覚えても、現状を正当化する空気や同調圧力に抗えず、沈黙してしまうであろう。

こうした組織では、まずは、従業員等が職場での違和感や気付き等をスピークアップし、経営陣がこれを迅速かつ誠実に取り上げ、是正や改善に活かすことにより、誰もが躊躇なくスピークアップできる環境を整えることが重要である。これと並行し、企業や組織のパーパス、行動規範・指針等を浸透させる取組、すなわち、従業員等に対してパーパスや行動規範等に沿った自発的な活動を促すことが必要であろう。パーパスや行動規範等は従業員や役員1人ひとり理解するのみならず、納得・共感・腹落ちし、自分達にもできるのではないかという前向きでポジティブな感情が伴ったとき、初めて実践されるものである。そして、経営陣が模範的な実践例を褒め、評価するというプロセスを踏む中で、組織内に広がっていき、良き組織文化や企業文化として根付き、定着するであろう。経営陣はこれには期間を要する覚悟で忍耐強く愚直に取り組むことが肝要である。

資をできるようになっています。その結果、スタートアップなどを中心にリスクがとれるようになっているのです。既存企業では、さまざまなビジネスを抱えることにより、ビジネスの分散的なポートフォリオを組めます。だからこそ、新規性の高い領域にも投資ができるのです。

しかし、イノベーションのリスクはこれだけではありません。イノベーションによりスキルが破壊されるリスクもあります。蒸気機関の登場により、動力としての馬は陳腐化しました。人工知能などが人のスキルを陳腐化する可能性が見えてき

ています。人々のスキルの形成はどうしても、集中的な投資にならざるを得ません。私たちの時間に限りがあるからです。そのため、どうしてもリスクは高くなり、スキルが破壊されたときに脆弱になります。個人がそのリスクを背負いがちになります。自分のスキルが陳腐化しないようなリスキリングの必要性はここにありますが、それだけでは十分ではありません。社会としてスキルの破壊のリスクの共有を進める仕組みづくりをどれだけ問われるのかが、これからの世界の大きな課題だと思います。

08

デジタル・イネイブル時代だからこそ、アナログ要素を

大島誠 OSHIMA Makoto
パナソニック コネクト株式会社エグゼクティブ　インダストリーストラテジスト

米国では、コロナ禍以降、物価高騰の影響もあり消費者の二極化が進んでいます。中間層が減り低所得者層が増えており、結果、軽犯罪が増えているのです。小売業の店舗での万引きをはじめとする強奪が後を絶ちません。その結果、警備員の増員だけで追いつかず、一部の店舗は閉鎖に追い込まれています。店舗のデジタル化の象徴としてセルフレジ（顧客が自身で精算するPOS）を導入してきましたが、バーコードをスキャンしたように見せかけて、実際には支払わない不正行為も増えているのです。カメラ等のデジタル技術を使用しても、確実にそれらの不正を防ぐまでには至っておらず、店員の増員で対応している状況です。当初は人員削減の1つとしてセルフレジを導入してきましたが、店舗によってはセルフレジ自体を廃止する動きも出てきました。

日本でも例外ではありません。大手から地方のスーパーでもセルフレジの導入が広がってきていますが、そのセルフレジでの不正が増えているのです。従来は万引きが多かった店も、セルフレジの導入により万引き件数は減り、逆にセルフレジでの不正が増えている実態がわかってきました。

カメラでその様子を確認すると、様々な手口があるものの、実は高齢者が多いことも分かってきました。セルフレジの場所には店員が居て、怪しい場合は声がけをすればよいのですが、日本人の気質でしょうか、「疑う」ことで顧客とのトラブルを恐れ、声がけができないケースが多いのです。

デジタルの使用で、人とのコミュニケーション力が下がっていることが、それらの不正行為を見逃がしていることになっているのかもしれません。効率を追求することがデジタル技術の導入ではなく、今こそ「人」の「心の通った」アナログ的な要素とデジタル技術の融合が必要なのではないでしょうか。

09
新しい価値創造が
当たり前になっている未来を創る

小田島伸至 ODASHIMA Shinji
ソニーグループ株式会社事業開発プラットフォームStartup Acceleration部門副部門長
Sony Startup Acceleration Program責任者

今の日本に必要なことは、積極的に新しい価値を創り出すこと、それを当たり前化するシステムとエンスージアズムを作り出すことではないかと思います。そのために3つの提言があります。

まずやるべきことは、人材と組織の変革です。新しい価値を創り出せるよう既存の人材や組織を仕立て直していくことです。自らの力で新しい価値を生み出し収益に変える力を身に着け、自分達

の意思で自由自在にトランスフォームできるようになれば、時代の変化に取り残されることなく、世の中のニーズを的確にとらえ、成長していくことが可能になります。これを自ら積極的に、意識的に取り組んでいくことが大切です。

次は、そのバージョンアップした人材と組織を結び付けていくことです。新しい価値を創り出すには多様な人材を組み合わせていくことが求められます。やるべきことが明確になり、それを実

10
賃上げのためにも
オープンイノベーションと新陳代謝を

古閑由佳 KOGA Yuka
紀尾井町戦略研究所上席コンサルタント

内閣府の世論調査では「世間一般からみた自身の生活」について「中の中」と回答する人がここ60年ほど変わらず圧倒的に多い。一方で、OECDの多くの国で名目賃金が右肩上がりしているなか、日本は昨年まで低下もしくは横ばいが続き、実質賃金は今もマイナスである。多くの日本人は、自分は「中の中だ」と思っていたら、気付けば世界の中では相対的に貧しくなっていたという状況かもしれない。

日本人が貧しくなり、円安も相まって、他国に買い負けてモノやサービスが手に入らなくなる、国内の優良企業や不動産がどんどん海外に買われ

る、等の様々な不都合が起こりつつある。この状況を脱するにも、やはり賃金を上げることは重要課題で、そのためには付加価値を上げるべく大企業も中小企業も改革が必要だ。

大企業では、制度や日々のルーチンに縛られ、社外の新たな情報を探求する熱量も下がりがちとなり、大企業ゆえの安定志向にも陥りがちだ。だからこそ、スタートアップとの提携やM&Aにより積極的にオープンイノベーションを図るべきだ。このときの注意点は、スタートアップの価値を低減させぬよう大企業のルール、評価制度、常識をそのまま押し付けないことである。マルチスタン

現できる人材がタイムリーに集う仕組みが整えば、社会全体の生産性は確実に上がります。特にこの先の日本は労働人口の減少が見込まれますから、全体を俯瞰して、MECEに適材が当たるようなシステムを創り出すことが必要です。その考えの元、我々は新規事業を阻害する課題を考察し「課題マップ50」[1]として公開しています。

　最後に、一番大事なのは、人間の感情のケアです。変革の源泉となるモチベーションを上げ、保てる環境と文化の構築が求められます。

　こうして新しい価値創造に重きを置いた人材開発とマッチングシステム、エンスージアズムを醸成する環境ができあがれば、日本全体が新しい価値を創り続ける国に発展し、自ずと日本の国力は上がっていくと思います。若い方々にも未来を創る国Nipponという希望に満ちた将来が見えてくると思います。

　未知なる道を突き進む上で確実なことは1つもなく、様々な難題が待ち受けていると思いますが、誰かが動かなければ今と何も変わらないだけですから、動き出すことに意味があると思います。より良い社会を作っていけるよう、多くの皆様と一緒になって情熱をもって積極的にチャレンジしていければと思います。

[1] 「Sony Startup Acceleration Programが選ぶ新規事業の課題50」 https://sony-startup-acceleration-program.com/challenge50

ダードでの柔軟性が重要だ。

　中小企業については、新陳代謝が求められよう。東京商工リサーチによれば日本の赤字法人率は6割以上とされているが、長年利益を出せず成長余力がないまま存続している中小企業が給付金等の公的資金を頼りに生き長らえるのは健全ではない。その状態で賃金を上げるのも無理がある。2023年11月末に紀尾井町戦略研究所で実施した経営者アンケートでは、来春（2024）賃上げをする予定との回答が3分の1にも満たなかった。DXを進めても効率化には限界がある。しかも従業員に育児休業を取得させることもままならない企業も少なくないという。適正な退出は必要である。また逆に、生産性が高いのに後継者問題等で廃業せざるを得なくなっている企業については、承継のための政策の強化が求められる。

11 CVC4.0の勧め

石黒不二代 ISHIGURO Fujiyo
ネットイヤーグループ取締役

ップル、マイクロソフト、アルファベットと、世界の時価総額ランキングには米国のITジャイアントの名前が並ぶ。日本企業が世界を席巻していた頃にはまだ生まれてもいなかった企業もあり、いかにしてこの短期間に米国IT企業は成長を遂げたのだろう。答えは、その巧みなM&A戦略である。

一方で、日本のスタートアップの出口戦略のほとんどがIPOであることは周知の事実、また、歴史的にも大企業は内製にこだわってきた。その間に歴史が浅いこれらの米国IT企業はスタートアップに投資し買収することにより飛躍を遂げた。コアビジネスで稼いだキャッシュと高い株価を利用して、スタートアップの新しい技術・人材・特許などを取り入れて、事業を拡大させていった。

日本企業も成長のドライバーにスタートアップ投資と買収を実行すべきだ。そして、これを実行するCVC（コーポレート・ベンチャー・キャピタル）にも、今までの問題を解決すべく変革の兆しが見えてきている。

最初は、CVC1.0、事業体からベンチャーキャピタルファンドへのLP（Limited-Partner）出資だった。CVC2.0は、事業とは別にCVCという組織を作ったこと。しかし、人材に問題があった。CVC3.0は、投資チームに専門家を雇ったこと、それでも、米国市場のインナーサークルに日本人が入り込むことは難しい。そして、CVC4.0、Venture Capital as a Serviceという形態が始まっている。アメリカの第三者機関であるVCファンドマネージャーが日本の事業会社に伴走しファンドを運用する形態だ。これにより、事業の理解と技術および投資の理解が相まって、日本企業のオープンイノベーションが始まろうとしている。

13 大学スタートアップが新たな革新を起こす

福島弘明 FUKUSHIMA Komei
株式会社ケイファーマ代表取締役社長／慶應義塾大学医学部特任准教授

気には国境がないように、医療にも国境があってはならない。COVID-19による感染症だけでなく、世界には未だ治療法がない病気がたくさんある。そのアンメットメディカルニーズを満たす有効な治療薬が求められている。一方で、国内医薬品市場において、国内企業が製造した治療薬の売上シェアは、10年前に約51％であったが、現在約36％に縮小し、5兆円以上の輸出入差が生じている。国の規制や施策に依存している部分は大きいが、同時に製薬企業の事業戦略、あるいは社会展開を担う大学の対応にも課題がある。

12 今こそ突き抜けるスタートアップ育成のための「えこひいき」を

高宮慎一 TAKAMIYA Shinichi
グロービス・キャピタル・パートナーズ代表パートナー

現在の日本の産業構造は、成熟した産業に片寄っており、将来の成長エンジンとなる産業の育成が喫緊の課題だ。白地で新規産業を立ち上げるためにスタートアップ育成が重要なのは言うに及ばず、製造業などの旧来の基幹産業が再成長するためにも、有望なスタートアップと連携し新しいテクノロジーを取り込むことは不可欠だ。

岸田政権の柱の1つ「スタートアップ育成5か年計画」など政府の後押しもあり、日本のスタートップエコシステムは急速に立ち上がった。スタートアップの資金調達額は2012年の645億円から2022年には9,459億円まで伸長した。時価総額1,000億円に到達するスタートアップも直近4年で30社程度出てきている。スタートアップの社会的認知もあがり、若い世代にとってスタートアップに携わることはキャリア形成上有利になってきており、そして何より「クール」になってきている。スタートアップ業界の裾野が広がり、底上げは達成された。

今こそ、1社で新産業の核となるような時価総額1兆円規模のスタートアップの育成に焦点を合わせるべきだ。規模化したスタートアップをより大きく成長させるためには、上場後のスタートアップの支援拡充、数百億円規模の資金供給を可能とするグロース投資家の育成、戦略的に人材を成長産業や有望スタートアップにシフトことを可能とする労働流動性の向上が必要だ。

日本のスタートアップエコシステムが産声を上げ約25年、次なる基幹産業を生み出し、日本全体の成長に直接的に寄与するためには、突き抜けるスタートアップやそれを支える大きな資金の担い手を育成する「えこひいき」が必要だ。

医薬品産業の構造改革には、大学スタートアップと大学と製薬企業の連携推進が1つの解決策を握る。まずは大学スタートアップを増やすことが近々の課題である。更には大学における社会実装を見据えたイノベーティブな研究の推進、起業時点での出口戦略の構築、事業化の目利きができる人財の確保、資金提供を担うベンチャーキャピタルの資金拡大、株式市場を支える機関投資家の起業への理解、証券会社や監査法人による積極的な対応等、いずれも重要な役割を担う。またイノベーションを極大化するエコシステムの強化等、大学スタートアップを生み出す社会的仕組み作りも必須である。

岸田政権が推奨する成長戦略の主軸にある「スタートアップ育成5ヵ年計画」も起動し、新産業を生み出し、日本から世界に展開できる企業の誕生が期待される。特に医療分野は、日本だけでなくグローバルな市場展開が待っている。世界を牽引する日本でありたい。我々はiPS細胞を活用し筋萎縮性側索硬化症（ALS）等の神経難病を対象とするiPS創薬事業と脊髄損傷等を対象とする再生医療事業の「二刀流」で世界の医療に貢献したい。

14 国の将来と大学の力

森下哲朗 MORISHITA Tetsuo
上智大学グローバル化推進担当副学長・法学部教授

大学は、国の将来を担う人材を育成する場であり、また、社会をより発展させ生活を豊かなものにするのに資する研究を行う場である。従って、先進国、発展途上国を問わず、多くの国家は自国の大学のあり方に強い関心を持つ。大学のあり方は各国の社会・経済状況等によって異なってよく、日本の大学が諸外国の大学と全く同じ役割を果たす必要はない。とはいえ、現在の日本の大学は、わが国の将来のために果たすべき役割を果たしているとは言い難いのではないか。

スイスの著名なビジネス・スクールである

15 研究データ共有はオープンサイエンスへの第一歩

倉田敬子 KURATA Keiko
慶應義塾大学文学部教授（原稿公表時）

学術研究において「オープンサイエンス」が大きな関心事となっている。オープンサイエンスとは、研究者たちが共通プラットフォーム上において、過去の文献や知識、研究データ、分析方法、プログラム、メモやアイデアにいたるまで共有しつつ、研究プロセス全体をオープンな形で進めるという、壮大なビジョンのことである。果たして実現できるのかどうかも、具体的にどのようなシステムとなるのかも未知数であるが、欧米諸国は2010年頃から、日本も遅ればせながら最近になって推進政策を展開している。

現在具体的に進められているのは、公的な研究補助を受けた研究の成果である雑誌論文の即時オープンアクセス（自由な利用）と、その論文の根拠となった研究データの公開である。論文のオープンアクセスは、既に多くの賛同をえて進められてきた運動であるが、研究データに関しては、研究者にとっては自分の研究の一部であり、その公開まで求められることに関しては抵抗もある。しかし、COVID-19の研究においては、研究データの早い段階での公開が研究を進展させたといわれている。異分野を含めた広範囲な研究データの共有・再利用は、今後の学術研究の推進、さらに社会におけるイノベーションの創出に貢献することが期待されている。

従来研究成果は出版物であり、学会、商業出版社、大学、図書館がその流通体制を整備してきた。今後、オープンサイエンスという壮大なビジョンの実現には、研究に関わる情報やデータの共有を進めるための新しいシ視点に立ったシステム構築へのレベルの異なる挑戦が求められている。

International Institute for Management Developmentが公表した「世界人材ランキング2023」では、日本は64か国・地域のうち43位であった。また、Times Higher Educationの2024年版世界大学ランキングでは100位以内に入った日本の大学は東京大学（29位）と京都大学（55位）の2大学のみであり、中国4大学、韓国3大学がランクインしているのに比べても見劣りする。こうしたランキングについてはメソドロジーに対する批判もあろうが、わが国の人材育成や研究力の実態の一端を示していることは否定できない。また、こうしたランキングが我が国への評価や期待に影響を与える可能性もある。

　わが国の将来のためには、大学の教育力・研究力を高める必要がある。大学はグローバルな視野とローカルな視点で主体的に考え行動できる人材を今まで以上に育てるために何が必要かを改めて考え実行する必要がある。また、大学自身が、社会と積極的に対話し、より目線を上げて、社会に貢献しグローバルな水準で戦える研究力を高めなければならない。同時に、大学の力は国の将来を左右すると考え、わが国の社会が大学に対する期待や要求を高め、大学を鍛えることも重要である。

16 創造的活動の労働集約作業からも解放されつつある科学と社会

林和弘 HAYASHI Kazuhiro
文部科学省科学技術・学術政策研究所データ解析政策研究室長

　昨年は、オープンサイエンスの潮流のもと、研究者間や社会と知識を共有する手段が紙ベースからインターネットベースに変革したことで、新しい科学と社会が生まれることと、研究メディア、研究コミュニティ、および、研究機関が再構成される可能性が非常に高いことを、17世紀の歴史から解説した。今回はその後の進展について述べたい。

　オープンサイエンスとデータ駆動型科学は、より開かれた知識とデータを活用することで、これまでの科学を効率化するだけでなく、科学の姿に新しい局面をもたらしつつある。特に昨今進展が著しい研究自動化（ARW：Automated Research Workflow）では、人工知能を始めとする先端的なデジタル技術やロボット技術等を集約することにより科学的知見を獲得するプロセスを桁違いに加速化している。一見、この潮流は、1,000倍を超える実験の効率化等による"知識生産の労働集約作業"の改善に注目が集まりがちであるが、その先に注目する必要がある。すなわち、これまで人が多くの場数を経るなどして経験的にあたりをつけていた初期の作業仮説を多量のデータから立てて、その結果から新たな仮説を生み出し、人を介することなく実験の最適化を図っている。あるいは、人の認知を超えた圧倒的に多量の範囲を探索することで、新たな気づきを得る事自体を効率化している。これはすなわち、"セレンディピティ"という表現などで多少神秘的にすら表現される人の創造性をDXすることにもなり、いわば、"知識創造の労働集約作業"から研究者が解放されることになる。昨年述べた、科学と社会を再構成する学会、雑誌、大学の創造的破壊は、人類の知識生産のあり方そのものが変容することで進展する可能性が高く、このパラダイムシフトにどのように適応していくかが肝要であると考える。

17 アカデミア問題解決のため 分散型科学を推進せよ

小松正 KOMATSU Tadashi
小松研究事務所代表／多摩大学情報社会学研究所客員教授

資金不足や権力集中といった今日のアカデミアが抱える問題を解決するには分散型科学を推進することが有効である。一部の専門家だけでなく、あらゆる人々が研究成果やその関連情報にアクセスできる環境を目指すオープンサイエンスは、ICTの発達に伴って今世紀に急速に推進され、オープンアクセス、オープンデータなどが実現してきた。こうした潮流において、新たな展開として登場してきたのが分散型科学（Decentralize Science：DeSci）である。

分散型科学は、ブロックチェーン技術を活用した非中央集権的なインターネット環境の実現を目的とするWeb3の活動を背景とし、分散型のガバナンスの研究環境を新たに構築しようとする運動である。これにより、研究者たちのボトムアップ的活動が容易になり、アカデミアが抱える問題の解決につながる。例えば、研究者が仮想通貨やNFTを発行して資金調達を行うことで、これまで資金調達のために費やしてきた時間を研究に振り分けることが可能になると期待される。

また、現在のアカデミアでは出版社への権力集中が問題となっているが、こうした状況の一因は研究者評価での論文重視である。分散型の研究コミュニティを設立し、そうしたコミュニティが研究者の活動を精査してNFTを付与するようにすれば、保有するNFTの数が研究者の新たな評価となり得る。こうすることで、出版社への過度な権力集中を是正し、研究者が公平な評価を受けやすい環境の実現が期待される。

各国で分散型科学の普及を目指すコミュニティが発足しており、日本でも2022年から2023年にかけてDeSci Japan、DeSci.Tokyoといった団体が設立された。知の解放に伴う世界規模の新しい秩序がまさに現在構築されており、今後の動向が注目される。

19 責任ある研究と イノベーションをめざそう

藤垣裕子 FUJIGAKI Yuko
東京大学大学院総合文化研究科教授

科学技術が今まで以上に経済活動や人々の暮らしに深く浸透しつつある現在、日本および世界の研究開発にとって大事なことは何だろう。RRI（Responsible Research and Innovation：責任ある研究とイノベーション）は、欧州の科学技術政策Horizon2020の標語の1つである。RRIの定義は、研究およびイノベーションプロセスで社会のアクター（具体的には、研究者、市民、政策決定者、産業界、NPOなど第三セクター）が協働することであり、そのエッセンスは「閉じられた集団を開き」「相互討論をし」「新しい制度に変えていく」ことである。

18 モノ（人工物）利用における「民主主義」をいかに守るか

原田悦子 HARADA Etsuko
筑波大学人間系教授

木田元『技術の正体』[1]の帯に「自己運動をはじめた"怪物"とわれわれはどう向き合うか!?」とある。本文では技術に対し人間は「ただ酷使されているようにしか思われない」と述べ、返す刀で科学の応用が技術という誤解に対し、「技術が自己運動的に変化していくことを、後追いのように明らかにしていこうと努力をしているのが科学」とする。これに衝撃を受けたのは、自分の研究領域、人のモノ（人工物）利用の現場において、正に人の主権の危機を感じるためである。木田が原発を対象に展開した論考は今、情報技術において同一の事態を見せている。

人が不条理に振り回される際の例に漏れず、現象はまず「弱い立場の人」に発現し、そこに超高齢社会の日本で人口の1/3を占める高齢者が含まれる。[2]しかし情報化技術における人の主権の危機はそこに止まらない。一見技術を使いこなしている若年成人層もまた「何が起きているか」を明確には掴めずとも「使えればいい、動けばいい」という態度になっていないか。あるいは人の活動を縦割りしてシステム構築していく情報系システムの作り手達は「全容なんてわかりっこない」と不可知論に陥っていないか。こうして「人の主体性なしに」作られ、使われ、使い捨てられていく技術は、人の主権がない形での技術利用を「そういうもの」と文化・社会に植え付けられていないか。

しかし希望はある。情報技術の強みは「何であれ表現形として構成可能」な点にある。ユーザであれ作り手であれ「人が人らしく主権を持って臨む」ことがモノ利用として最重要であるとの「民主主義」が共有されるならば、今の危機は多少なりとも回避可能ではないか。

ここにも民主主義を希求する現場がある。

[1] 木田元 (2013)『対訳 技術の正体 The True Nature of Technology』マイケル・エメリック訳、デコ
[2] 原田悦子 (2019)「社会的受容という幻想とヒューマンインタフェイス研究の役割」『ヒューマンインタフェース学会誌』21 (2) 25-28.

たとえばAIを責任ある技術にするために、あるいは原子力を責任ある技術にするために、何が必要だろうか。参考として、責任ある海洋科学研究とイノベーションを目的としたマリーナ・プロジェクト[1]をみてみる。相互学習ワークショップを欧州12か国で17回開催しており、のべ402人の利害関係者（81人の市民、66人の行政官、65人の企業からの参加者、104人の科学者、58人のNGOからの参加者、24人の学生、4人のジャーナリスト）が参加した、まさに「共につくる」空間の実践である。持続的ツーリズムの構築、海岸都市建設、海洋汚染、漁業・海洋文化、広域気候変動の影響などのテーマで議論が行われた。

同様に、責任あるAI研究とイノベーション、あるいは責任ある原子力研究とイノベーションは、多くの利害関係者に議論を開き、専門家に閉じない形で将来の課題を議論する場を設計することが必要となる。世界に誇れる日本の技術開発のためにも、こうした場の設計は必須である。[2]

[1] EU "Marine Knowledge Sharing Platform for Federating Responsible Research and Innovation Communities" https://cordis.europa.eu/project/id/710566
[2] 藤垣裕子 (2023)「世界に誇れる日本の原子力であるために今，すべきこと」『日本原子力学会誌』Vol.65，No.3 (2023) https://www.jstage.jst.go.jp/article/jaesjb/65/3/65_156/_pdf

VII

深化する
DXとAIの活用

合原一幸　　　山本英生

中村潤　　　　辻井潤一

吉川絵美　　　坂明

赤澤直樹　　　谷口直嗣

岩下直行　　　嘉治佐保子

眞鍋淳　　　　井上哲浩

佐々木隆仁

潮俊光

01

ことの起こりをとらえて未然に防ぐ

合原一幸　AIHARA Kazuyuki
東京大学特別教授／名誉教授

現在の私の研究の主要テーマは、「様々な疾病の予兆信号を検出してそのままはもうすぐ発病することを事前に察知し、実際に発病する前に治療する」ための数学的手法を構築し、実験データや臨床データでその有効性を検証することである。いわゆる未病医学であるが、未病の数学的定義を明確にした上で研究を進めている点に特徴がある。実際にこれまでの研究の成果によって、様々な疾病で「発病前に治す」未病治療の可能性を示すデータが蓄積されてきているので、そう遠くない将来に実用化出来ると考えている。

そして、ここからが数学特有のアドバンテージなのであるが、数理的な理論はある程度抽象化して構築するので、水平展開が比較的容易である。すなわち、未病医学のために作った理論が、他の様々な複雑系の状態遷移の予兆検出とその制御に使える可能性が同時に拓かれる。筆者の研究を例にすると、疾病の予兆検出と未病治療の成果が、様々な工学システムの故障、交通渋滞、洪水などの諸災害、さらには経済にも応用出来るのではないかと期待されている。例えば、2023年5月に東大と金融庁の基本協定が締結されて、経済データのいわば"未病"の研究が現在東大で行われているが、そこでも我々の未病医学研究の成果が使われている。状態遷移は、好ましくない状態へ遷移してから後に対処しようとしても大きな困難を伴うことが多い。そこで、ことの起こりをとらえて未然に抑えることで、大きな悪化を防ぐことが肝要なのである。そして、このような数理的手法が、今日のように変化が激しく多様で予測不能な複雑さに満ちた時代においては、有効な方法論になるのではないかと考えている。

03

Web3は日本がグローバル経済で再び輝く挽回の機会

吉川絵美　YOSHIKAWA Emi
米リップル社戦略担当バイスプレジデント

ブロックチェーン技術は、政府や大手金融機関の中央集権的な構造に対するアンチテーゼとして登場してから15年が経過した。現在、世界人口の5%が暗号資産に触れたことがあると言われており、これはインターネットにおける2000年当時の普及率に相当する。

日本は2017年に暗号資産規制を世界に先駆けて導入し、2020年にセキュリティトークン、そして2023年にはステーブルコインの規制整備も行

02 組織の壁とIoTを考える
──量子の時代に向けて

中村潤 NAKAMURA Jun
中央大学国際経営学部教授

世界はSNSなどを通じて人と人とがインターネットにつながることができる時代となった。AmazonなどのB2Cプラットフォームは飛躍的に発展してきた。しかしながら、データの秘匿性や場合によっては安全保障の観点から、企業間連携となればそうはいかない。ロジスティクスの面でいえば、Physical Internetの議論でもあるように、コストの負担や収益配分などの利害が絡むと企業間連携は途端に進まない。梱包サイズの標準化も同様であり、いわゆる「組織の壁」がはらんでいる。

一方で、量子コンピューティング、なかんずく量子アニーリング方式による最適化手法の研究が進んでいて、Q-STAR（量子技術による新産業創出協議会）でも新たなサービスの企画が期待されている。一企業の取扱商品のサプライチェーン最適化にとどまらず、業界内における例えば共同配送や、企業間連携による変数の増大と情報爆発に対する処理の高速化と最適化は、イノベーションを創出する興味深いテクノロジーインフラとなる。

こうした技術と時代の流れに呼応するがごとく、真のIoTの世界を目指すには、2つ不可欠な要素があると考えている。1つは、ネットワークでの対量子暗号化対策に加えて、デバイス側にもより高度なセキュリティ対策が必要である。もう1つは、既存デバイス側の基盤やリレーから、いかにデータを抽出してクラウド化するかというノウハウである。センサーの種類やコスト面では受益者にメリットが多くなってきたため、より多くのThingsからのデータ取得が可能になってきた。2ナノに向けた政府主導の半導体の取り組みもさることながら、量子コンピューティングの進化に備えて、見逃してはならないことは沢山ある。

なった。岸田政権は、ブロックチェーン技術を基盤とする新たな資本経済のあり方である「Web3」を、国家成長戦略の1つの柱として掲げている。Web1とWeb2において世界をリードすることができず、「失われた30年間」でグローバル経済での存在感が急激に低下してしまっている日本において、Web3は大きな挽回の機会である。しかしながら、日本は他国よりもいち早く規制が整備され、政府も前向きであるにも関わらず、世界ではWeb3、ブロックチェーンの先進都市といえばシンガポール、ドバイ、ロンドンなどが台頭して注目を集めており、海外のWeb3ビジネスの誘致にも積極的だ。

日本は国内に閉じたWeb3戦略ではなく、世界に積極的に発信し、世界の優秀な起業家を取り込み、グローバルなWeb3ビジネスハブとしてのビジネス環境整備により注力していくべきだ。あと数年以内にはWeb3先進都市の勝敗が分かれてしまうと予想されるので、一層前のめりにスピード勝負でWeb3ビジネスを国家一丸となって推進していくことが必須だ。

04
Web3がもたらす
「共創・創発空間」を活用せよ

赤澤直樹 AKAZAWA Naoki
Fracton Ventures株式会社 Co-Founder／CTO

サトシナカモトが発表した2008年の論文以来、ブロックチェーン技術を基盤としたWeb3はその存在感を増している。この動向は、分散したリソースを統合し、独自のメカニズムで自律的な調整を目指す新しい思考様式に支えられている。インターネットの出現がコミュニケーションを変革し、社会に永続的な変化をもたらしたが、Web3はそこに「共創・創発空間」を提供し新たな変化を促している。

ビジネスにおいては、外部のステークホルダー

05
日本の金融情報システムを
時代に合ったものにしよう

岩下直行 IWASHITA Naoyuki
京都大学公共政策大学院教授

2023年10月10日早朝、日本の決済システムの中核である全銀システムに障害が発生し、銀行間の振込の一部が決済されなくなった。全銀システムは、操業開始以来50年間、顧客に影響する深刻な障害を1度も発生させたことがなかった。銀行間の送金は滞りなく実行されるのが当たり前で、数百万件に及ぶ振込不能が発生して2日間も解消されないというのは初めての経験だった。

今回の障害事故を通じて改めて認識されたのは、全銀システムおよびそれと連動している日本の金融業界の情報システムが、他業界の常識からかけ離れた時代遅れなものとなっていることだ。全銀システムも、多くの銀行の勘定系システムも、1960年代から使われてきた大型コンピュータの技術で構築されている。長年にわたる利用実績から金融業界では信頼されている技術体系だが、システムの維持管理に膨大なコストが掛かるため、他の業界では最早利用する企業はほとんど存在しない。技術者も減少し、持続できるかも危ぶまれているが、この技術体系から脱却しようとする銀行はごく僅かで、ほとんどの銀行は古いシステムに機能をつぎはぎに追加した複雑で高コストな構造を維持している。

一方、海外では、ここ10年ほどの間に決済システムの世代交代が進んだ。英国のFPS、インドのUPIなどの例が有名だが、24時間365日、安全確実に決済ができるだけでなく、現代の情報技術を利用した持続可能な決済システムが相次いで導入された。それらは古いシステムへのつぎはぎではなく、全く新しいシステムとして構築されたものだ。

決済システムは経済の基盤として不可欠なものである。今回の障害を教訓に、最新の技術の知見や他国の動向を踏まえて、全銀システムの見直しを進めるべきだろう。古い技術体系の呪縛を解くことにより、日本の金融情報システムを時代に合ったものとすれば、銀行は様々なイノベーションを実現し易くなるだろう。

との協力によりイノベーションを促進する重要性が広く認識されている。低コストで信頼性のある基盤を共有することで、企業は自らのビジネス分野での競争に集中できる。これは金融、物流、エンターテインメント産業など、多様なセクターに適用可能である。さらに、Web3の開かれた性質（Openness）を利用すれば、自発的な新たな連携（創発）が生まれ、イノベーションが促されるだろう。

　より広範な社会課題に目を向けると、政府、市民社会、企業、学術界などの異なる主体間のパートナーシップが不可欠だ。これらの課題に効果的に取り組むためには、協調する力が求められ、Web3が提供する「共創・創発空間」は、そのような協力を促進するための有力なツールになり得る。

　イノベーションの範囲や本質が何であれ、価値創造に集中し、新たな資源を結びつけるための環境は必須である。Web3は、これまでには困難だったレベルの拡張性とカスタマイズ性を備えた「共創・創発空間」の創出を実現するだろう。このような空間は、新たなイノベーションと社会的進歩を促す舞台となるに違いない。

06 医療DXの遅れを取り戻せるか

眞鍋淳 MANABE Sunao
第一三共株式会社代表取締役会長兼CEO

医療DXは、医療の高度化や健康・医療ビッグデータ等の活用によるイノベーションの促進に留まらず、医療の概念やヘルスケアサービスの範囲、そして医療提供体制に至るまで様々な変革をもたらし、我々の未来を大きく拓きます。既に、診断精度の高いAI画像解析や高度な手術が安全にできるロボットなど目覚ましい進歩があり、また、ChatGPTが「医師国家試験に合格した」「医師より正確に難解な症例の診断を下した」とも聞きます。AIが医学を専門に学習すれば更に正確な診断も期待できます。

　しかし、COVID-19で露呈したとおり日本の医療分野のDXは遅れています。業種別の取組状況[1]を見ますと、医療・福祉分野では78.7%がDXを「実施していない、今後も予定なし」と回答し、これは24業種の中で最も高率です。

　医療DXの進展は、持続的な社会の実現にも貢献します。今迄、診療報酬で手当して来た診断、手術、調剤等を効率化し、限られた医療財源や医療人材不足の問題にも寄与します。効率化分のリソースを今後更に需要が高まる介護関連費用に充てるなど、何を公的保険でカバーするかという議論も出て来るでしょう。製薬産業もDXの活用で創薬・生産や情報提供等の効率化を進めています。社会保障費の適正なアロケーションという面でも医療従事者の役割という面でも、現状をドラスティックに変える力がDXにはあります。

　私は、1人ひとりの健康で豊かな生活を実現させるためには、医療DXの活用は急務であり、政府や医療従事者、保険者、産業など全ての関係者が当事者として、患者さんを中心とした医療の将来像を共に描き、強力に推進する必要があると考えています。

[1] 総務省「デジタル・トランスフォーメーションによる経済へのインパクトに関する調査研究（2021年3月）

07

新型コロナウイルスで進む法務のDX

佐々木隆仁 SASAKI Takamasa
リーガルテック株式会社代表取締役社長

新型コロナウイルスにより、ワークライフバランスが大きく変化しました。会食文化が減り、家庭での支出規模が増え、消費のトレンドも変化し、テレワークが一気に普及し、経済活動も家庭で行われるようになりました。在宅勤務やオンライン授業など、ホームコノミー（Home+economy）の共通点は、居住空間です。コロナ危機は、住居空間であった家を生産、消費が行われる社会経済空間へと変貌させました。ポストコロナ時代に到来する不可逆な変化のため、建築、物流、交通をどうするかという専門家Web会議が世界中で開催されています。専門家は、ポストコロナ時代、最大の変化がある空間に「家」を挙げています。

新型コロナウイルスの影響で運輸、卸小売、飲食、宿泊、文化事業は対面業種を中心に大打撃を受けたのに対し、情報通信産業は好調に推移しています。デジタル技術を活用したサービスの拡大が注目されており、外部から利用できるクラウドサービスは、第5世代移動通信（5G）などの先端技術により、需要が更に高まることが予想されています。一番遅れているのは、法務部門のデジタル化だということが再認識され始めています。テレワーク中にハンコを押すためにわざわざ出社しないといけない社員が続出するなど、法務のDX化の遅れが大きな課題として注目されました。時間は、かなりかかりますが、裁判手続きのIT化も政府主導で少しずつ進んでいます。ピンチをチャンスに変えるためには、企業で最も遅れている法務部門のデジタル化に真剣に取り組むことが必要です。法務のデジタル化が進むことで、全体の業務効率の改善が期待できます。法務のDXがアフターコロナの時代に生き残るキーワードになるかもしれません。

09

デジタルヒューマンを戦力化できるか

山本英生 YAMAMOTO Hideo
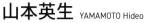
NTTデータ金融イノベーション本部ビジネスデザイン室イノベーションリーダーシップ統括部長

この1年で最も注目されたテクノロジーを上げるとすれば生成AIということになるだろう。生成AIの前にメタバースが盛り上がっていたことが遠い昔のように思われる。このメタバースから生成AIの流れをバズワードの流行り廃りととらえることもできるが、この流れを俯瞰的に見ると新しい可能性が見えてくる。それがデジタルヒューマンだ。生成AIはまだ課題も多くあるが、人間との違和感のないコミュニケーションはある程度実現できており、この方向で進化が進んでいくのであればビジネス上の戦力としての期待が大きくなる。

08 AIを使いこなして 新しいサービスを開発するためには

潮俊光 USHIO Toshimitsu
南山大学理工学部教授

か つてテレビの黎明期に一億総白痴化を危惧する評論家がいた。そして今、そうなったであろうか?昭和と令和の人間の想像力・思考力の質の違いを研究すべき時代が来たように思う。そしてその研究が今のAI論議に重要な指針を与えるであろう。今年になって、生成AI・大規模言語モデルが色々な分野に応用されるようになり、関連研究が急速に増えてきたが、反面、その弱点を指摘する研究も出てきている。この熱狂的なブームが一段落すれば、AIの導入で効率化が進むサービスと専門性の高い人でないとできないサービスとが明確になり、後者のサービスに従事できる人材がより多くいる企業・国が繁栄する時代になるであろう。今、そのような人材を育てるための教育カリキュラムの検討が必要である。

では、後者のサービスに従事する人に備えるべき資質は何であろうか。それは想像力であり思考力に他ならない。様々な知識とそこから推論される結論はAIに任せてしまえばよい。今後、社会生活を変貌させるようなサービスの開発では、将来を見据えたビジョンとそれを達成するためのフィロソフィーをもって取り組む必要がある。その基礎は想像力と思考力であり、適切なアドバイスを提供するのがAIの役割になる。つまり、これからの教育では、知識獲得が重要であることには変わりないが、しっかりとしたビジョンとフィロソフィーを作り出せる想像力と思考力を養うことがより重要になるであろう。

教育効果が出てくるには10年、20年かかる。最近、長期的視野に立った教育への関心が薄れているように思う。今こそ、20年後の繁栄を夢見て、教育カリキュラムを検討する時期に来ている。いや遅いくらいである。

生成AIとデジタル空間上での人間に近しいビジュアルを組み合わせることでデジタルヒューマンが完成する。ただし、メタバース上のアバターと生成AIをかけ合わせればデジタルヒューマンが完成するかというとそれだけでは不十分で、表情や身振り手振り、感情理解など、人間らしい動きをするために必要な技術要素は多数存在する。ビジネスチャネルがデジタルシフトし労働人口の大幅な減少が見込まれる中では、デジタルヒューマンをビジネス上どう位置付けるかはこれから大きなテーマとなってくるだろう。

一方でこの流れが進むとなると社会的な受容も課題になる。自動車の自動運転にも言えることだが、人間がミスを起こす比率よりもデジタルヒューマンの方が優秀であった場合に論理的にはデジタルヒューマンのミスを許容せざるを得ないが、感情的にわれわれ人間はそのミスを許すことができるのか?というのがこの課題の一例である。また、デジタルヒューマンのベネフィットをどう享受するかという点とともに悪用の懸念など、解決すべき課題はいろいろな形で発生することになろう。

10 生成AIと人間知能の役割

辻井潤一 TSUJII Junichi

国立研究開発法人産業技術研究所情報・人間工学領域フェロー

膨大なテキスト集合からの学習によって構築された大規模言語モデル（Large Language Model-LLM）とそれを使ったシステム（ChatGPT）が世に出て1年余が経過した。この間、その商業的価値の大きさから、巨大IT企業が相次いで独自のLLMを発表し、技術の急速な普遍化により、この技術に特化したスタートアップや大学・研究機関での開発も進んでいる。また、LLMのもつ汎用性から、特定の応用用に再訓練し提供するビジネスも活発化している。

自然なテキストを生成し、人間と区別がつかない会話能力を持つAIの出現は、従来のAI技術よりも広範で、かつ、直接的な影響を社会に及ぼす。その影響の大きさゆえに、社会システムや制度の変更、労働市場への影響などが真剣に議論されている。

さらには、影響の大きさゆえに、人間を超える超知能、人間存在そのものへの脅威と論じる識者も多い。この実存的脅威論に組みする著名なAI研究者もいる。ただ、私は、影響の大きさの議論は重要であるが、実存的脅威論は、AIの能力の過大評価で、害が大きいと思っている。

LLMは、大量テキストからテキストの自然性を学習しているが、その真理性を吟味する能力は持っていない。自然さと真理性は別物である。事実でないテキストを生成するという幻覚（Hallucination）の現象は、LLMが、真理性のもっとも低位の事実の吟味能力も持たないことを示している。

事実性よりもより高位な真理性、背反する命題の吟味と論証を経てたどり着くような真理性や対象の明示的なモデル操作を必要とする真理性は、膨大なテキストからの自然さを学習するLLMの範囲外である。また、そもそも多くの社会課題では、異なる価値観により、異なった結論に至ることも多い。

LLMによる膨大なテキストからの自然さの学習を、テキストの内容を理解した上での学習と混同してはいけない。LLMは、あくまで我々人間の能力を補う、人間によって使われる道具であることを忘れてはならない。

11

AIの存在は1人ひとりの 知見蓄積・倫理・感情を求める

坂明 SAKA Akira
公益財団法人公共政策調査会専務理事

AIが人間の仕事を奪う、或いは人間を超える存在となる可能性についての議論がある。いわゆるAIは静かに佇んではいるが、蓄積したデータを活用し求めに応じた出力を行う。存在するということは、常に外界からの刺激があるので、それに対応して演算を行ってその結果を「出力」し、或いは演算を行い続けることにより分析を深めることもあろう。これを様々な作用に結び付けることにより、情報の発信、機器の操作なども行うことができるだろう。大量のデータを総合することによって、AIによるserendipity的なものも生まれよう。我々は、その制御を適切に行い、我々の存在を拡大し意義あるものとするために活用しなければならない。

留意すべきことは、AIを理解しようとすることかと思う。また、教育する（データを入れる）、ということも必要だ。教育の内容には、倫理も含まれることだろう。

人間社会において対立が存在しているのだから、AIによる出力も、様々な立場のものがあることになる。

アバターのような、或る意味で遍在し得る存在を作り出すために、自分の知見をAIに蓄積させ、その学びの仕組みと出力に、自らの倫理と感情を融合させることで、まずは一定の社会的存在を生み出し、活用していく動きは興味深い。この種のAIとの対話は、自らとの対話であり、またAIの教育でもある。

一方で、広義の偽情報の流通により、個人、国、民主主義といった価値が危機にさらされるとの議論もある。AIに入力するための自らの知見の獲得と、自らの倫理の継続的鍛造、そして他の人間の理解も含む感情教育が、人間に求められていると思われ、自らを省みる日々を過ごしている。

12 XRとAIの可能性のカギは
マルチモーダル

谷口直嗣 TANIGUCHI Naoji
SunnyValley株式会社代表取締役

2023年を振り返るとテクノロジー関連は生成AIの年であった。さらに最近のAIのキーワードの1つは「マルチモーダル」である。AIのトップを走るOpenAIは、DALL-Eという画像生成のAIを提供しているし、またWisperという音声認識のAIも提供している。

GoogleのGeminiはマルチモーダルを意識したAIになっていて、生成されるコンテンツも検索ベースで画像を含んでいるし、デモでは画像や動画の理解も可能になっていて、返事も音声で返ってくる。

バーチャルな3Dの世界に没入するVRやバー

13 AIは、仕事でなく
思考能力を奪う

嘉治佐保子 KAJI Sahoko
慶應義塾大学経済学部教授

WALL-Eという映画をご存知だろうか。舞台は29世紀。ロボットは感情移入したくなる愛らしさを持っているのに対し、人間はゴムボートに寝転び水路を流されて移動するブヨブヨの生命体になっている。機械に依存し続けた結果、全身の筋肉が退化してしまったのである。

2008年にこの映画が世に出た時、人間が機械に頼らないと移動できない姿をみて「まさか」と思ったが、思考能力は機械から独立しているようだった。しかし今、人間が機械に頼らないと考えることができない世界が見えてきている。

幼児が会話できるようになり、質問に答えるという課題に初めて直面したその瞬間から指先に生成AIがある。仮に「そのほうがラク」という理由ですべての問に対する答えをAIに用意してもらいながら成人したら、その人間の思考能力はどうなるだろうか。自分の頭を使って答える能力が育って

いない、AIがないと質問に答えられない、ということはAIがないと生きられない。AIの奴隷ともいえよう。

じつは何歳からでも、こうしたAI中毒になりえる。AIが人間の仕事を奪うと指摘されて久しいが、思考能力を奪われるほうが恐ろしくないだろうか。「麻薬依存症患者リハビリセンター」ならぬ「AI依存症患者リハビリセンター」さえ設立されるかもしれない。

AIが人間の可能性を広げるというのは現在の思考能力を前提とした議論であり、AI依存で思考能力が退化したらこの議論の前提は崩れ去るのだ。

学生には「生成AIに課題を任せて卒業するのは、1回も練習に出ないで試合に出るのと同じ」「AIを使う場合にも、その答えを自分自身の論理にてらして批判的に精査し、事実関係も確認して内容に全責任を負うべし」と伝えている。

チャルな3Dモデルを現実と組み合わせるAR技術は、総称してXR技術と呼ばれているが、ゲーム等のエンターテインメント系、建築、医療、工場の生産ラインのシミュレーション、戦闘のトレーニングや、兵器の操作方法の習得など防衛領域でも使用されて、珍しさから実用にフェーズが移っている。

XR技術の特徴として、文字では表現できない3Dの形状や動きがそのまま表現でき、さらにそこにテキストや音声を追加する事により、「体験」をデジタルコンテンツ化して、なんども繰り返し体験したり、インターネットを通して配布したり、インターネットで人と人を繋いで体験を提供できる事である。

これはマルチモーダルな体験をデジタル化しているので、先に挙げたマルチモーダルなAIとは非常に相性が良い。

現在のマルチモーダルAIに3Dモデルやそのアニメーションの理解、生成が追加されれば「〇〇のやり方を教えて?」とVR空間で音声で聞いたら、バーチャルなキャラクターが、生成された3Dモデルを指さしながら説明してくれるという未来が近いうちに実現するであろう。

14 AI活用と自己放棄への警鐘

井上哲浩 INOUE Akihiro
慶應義塾大学大学院経営管理研究科教授

消費者行動の視点からAIをマーケティング戦略に活用する研究を行っている。例えば、ある対象に対して関与水準が高ければ、その対象の本質的な側面（例、車におけるエンジン特性）に焦点をあて中心的な処理を行い、関与水準が低ければ、非本質的な側面（例、車における色）に焦点をあて周辺的な処理を行う、という精緻化見込みモデル（Petty and Cacioppo 1986）とよばれる理論をAIで具現化する研究をINFORMS Marketing Science学会で報告した（Inoue and Asaoka 2019）。

AIの活用は多岐にわたるが、注目されている分野の1つが生成であろう。文章の生成、画像の生成、音声の生成、さらにはこれらを融合した動画の生成など、この分野の進展は、時間的にも適用的にも凄まじいものがある。規制や著作権保護などの防御的動きもあるが、おそらく進展の範囲をカバーすることは難しいであろう。

むしろ、自己放棄に留意すべき、という利用方法に関する警鐘が、本論の主旨である。問題認識→情報探索→代替案評価→選択→選択後評価というフローが、消費者選択行動に関する一般的な理論である。自己の問題解決のために選択するにも関わらず、問題認識すらAIに依存しては自己放棄である。上述の精緻化見込みモデルが関連する情報探索や代替案評価はAIを活用すれば容易かもしれないが、生成は真実ではなく、検索結果の上位が有用な情報である保証もない。自己の問題解決のための選択に与える情報の有用性や代替案評価は自己が情報処理し判断すべきであり、AIに依存しては自己放棄である。すなわち、中心的処理でも周辺的処理でもない、自己放棄的処理である。AIに依存した選択や選択後評価は、問題解決を放棄した根源的な自己放棄である。納得感、表現性、タイムリー性、量の適切性、親和性などは、人として自律した意思決定における規準ではなかろう。

VIII

未来の先駆者、地域の取り組み

蒲島郁夫

河田惠昭

平井伸治

三日月大造

横倉義武

神田潤一

竹村彰通

黒田成彦

関治之

北村亘

浅川博人

松原宏

矢ケ崎紀子

奥村裕一

山本健兒

室田昌子

大場茂明

01 地方創生の姿と日本の安全保障

蒲島郁夫 KABASHIMA Ikuo
熊本県知事（原稿公表時）

本県では、「経済」「感染症」「災害」「食料」「環境」の5つのテーマを掲げ、熊本の強みを生かし、日本の「5つの安全保障」に貢献する取組みを進めている。特に「経済の安全保障」では、世界的半導体メーカーTSMCの熊本進出を契機とし、半導体関連企業の更なる集積を目指している。九州には既に数多くの半導体関連企業が立地しており、熊本が世界の半導体ニーズを支えることで、県経済の活性化はもとより、「新生シリコンアイランド九州」の実現につなげたい。

また、熊本地震からの創造的復興のシンボルと位置付けた阿蘇くまもと空港の新旅客ターミナルビルが2023年開業。私は知事就任当初から、空港とその周辺地域を一体のものと捉え、周辺地域の可能性の最大化を図る「大空港構想」を提唱して

おり、2023年10月には更なる活性化に向けた新たな構想を策定した。11月には、国が進める「脱炭素先行地域」に、阿蘇くまもと空港とその周辺エリアを対象とする「阿蘇くまもと空港周辺地域RE100産業エリアの創造」が選定され、カーボンニュートラルの実現に向けて大きな弾みをつけた。

食料の安定供給も重要なテーマだ。本県は農業産出額が全国第5位を誇る農業県であり、これまで生産力向上に向けた農地集積や後継者育成など、食料の安定供給に資する取組みをいち早く実践してきた。さらに、環境にやさしい農業やスマート農業の導入などを進め、持続可能な「稼げる農業」の実現を目指している。

こうした取り組みを進めることで、50年後、100年後の熊本の発展につなげるとともに、日本の安全保障の一翼を担いたいと考えている。

03 「地球沸騰化」時代の災害対策
── 令和5年台風7号の教訓から

平井伸治 HIRAI Shinji
鳥取県知事

令和5年台風7号は8月15日和歌山県から兵庫県へ横断。被害は京都府から兵庫県を経て鳥取・岡山県境の中国山地にかけ集中し、15日午後4時40分に大雨特別警報が発令された鳥取県が今回最大の被害を受けた。

「24時間最大雨量250mm」。鳥取県を含む中国地方に15日明け方出された予報だ。しかし、実際には当時線状降水帯が到来しており、その後も豪雨が続き鳥取市佐治で627mmに達した。

「台風の進路の右側は危ない」とテレビは繰り返したが、鳥取県は左側で災害となった。実は山陰

02 国難級災害の減災対策を成功に導く2つの大震災の経験

河田惠昭 KAWATA Yoshiaki

関西大学社会安全学部特別任命教授・社会安全研究センター長

今からおよそ40年前、不惑の歳を迎え、研究テーマを「都市災害」に変更した。「将来、死者が千人を超える巨大災害は都市で発生する。」と確信したからである。この研究活動がその後の京大防災研究所の改組にもつながり、地域防災システム研究センターの創設、巨大災害研究センターへと拡充した。それに平行して、助教授が教授定員を文部省に要求する、という京大始まって以来の初めての挑戦を試みた。

教授になって一層精力的に研究し、阪神・淡路大震災と東日本大震災を経験して、2つの難問解決に成功した。1つは、都市災害は進化するという仮説のもとで、「相転移」を利用した国難級災害対策を最近、確立したことである。これには、阪神・淡路大震災の経験が役立った。そして2つは、人の「いのち」の社会的価値の評価方法を見出した

ことである。これは、大災害時の保険普及を進める上で画期的な成果であり、それまでは社会経済被害の一部評価に留まっていた。東日本大震災が起こって、新聞記事の「集合知」に着目して成功したのである。これら2つの大震災を経験しなければ、解決不可能な難問だった。

この間、実に40年の歳月が流れた。現職の研究者として仕事が継続できたことに感謝している。これら2つの研究成果を適用すれば、関東大震災100年を迎えた今日、首都直下地震や南海トラフ巨大地震という国難級災害を一般災害に格下げができる。ただし、研究成果を理解するには、多岐にわたる分野の研究経験が必要である。しかも、政府の減災対策と連動することが必須である。政府に「防災省（庁）」の創設をお願いしてきたが、仮に実現できなくても国難級災害を減災できる見通しが立った。

では「左側も危ない」。昭和36年第二室戸台風等、同様のコースで大災害が起きた。今回は、潮岬上陸前にアウターバンドの線状降水帯で豪雨となった上、歩みの遅い台風に回り込む北風で、海面温度が平年より約3度高い日本海からの水蒸気が雨雲を供給し続けた。

明石再上陸後、私は「最近になく非常に厳しい状況も予測される」と命を守る災害対応を呼び掛けた。気象庁の大雨特別警報の3時間前だ。

全国メディア等は台風の進路等に偏重するが、今回は上陸前のアウターバンドも強烈だった。台風の左側こそ危なかったし、「〇〇地方」でくくる

国や報道の姿勢は正常性バイアスを助長していないか。予報システムは向上したが、現場気象台が縮小するのは懸念材料だ。

国際連合グテーレス事務総長が言う「地球沸騰化」。2023年夏次々と台風が暑い太平洋で生み出された。激甚災害は個別の台風等に切り分け認定するが、一連の台風も豪雨も同じ太平洋の熱気と水蒸気から生まれる現状に合わせるべきだ。

台風情報や災害対策も「地球沸騰化」時代のシステムに移行すべき時だ。

04 かえりみて、明日へ一歩
——新型コロナ対策の振り返り

三日月大造 MIKAZUKI Taizo
滋賀県知事

2019年に発生した新型コロナウイルス感染症との闘いは、3年余り続きました。この感染症により、私たちの社会は砂上の楼閣であったことに気づかされる一方で、人とひととのつながりや利他の心の大切さを改めて認識することができました。

また、我が国ではDXが一定進展するとともに、「適度な疎」を求める人々が増えたように思います。コロナ禍により失われたものもありますが、経験したからこそ、見えたことや得られたもの、反省点や価値観の変化もあるのではないでしょうか。

私は、「コロナを乗り越え『シン・ジダイ』へ」と呼びかけてきました。コロナを乗り越えた今、我々は、次の未知なる感染症の対策に今回の経験を活かしていく責務を負っていると考えます。

滋賀県では、これまでの県の対応を振り返り、多くの方々のご意見等も踏まえ、『新型コロナウイルス感染症対策にかかる振り返りについて』[1]として2023年12月に公表しました。

滋賀県では、行政の無謬性神話にとらわれず、時には「分からない」、「怖い」と正直に吐露し、データに基づきシミュレーションも行いながら、その時々、最善と考える対策を講じてきたと自負しています。

しかし、県民の皆さんの感染への恐怖や生活不安に十分寄り添えていたのか、多くの反省点もあります。

行政は常に過去の対応を検証され、歴史の審判を受ける立場にあります。この振り返りでは、プラスの成果だけでなく、課題や教訓とすべき事項などのマイナスの成果も記しています。

すべては、これからの糧や礎となることを願ってのことです。次の感染症にも備え、ご関心のあるところだけでも一読いただければ幸いです。

シン・ジダイへ、皆さん、ともにがんばりましょう!

[1] 滋賀県「新型コロナウイルス感染症対策にかかる振り返りについて（令和5年12月26日公表）」
https://www.pref.shiga.lg.jp/kensei/koho/e-shinbun/oshirase/335132.html

05 ワンヘルスアプローチを実践しよう

横倉義武 YOKOKURA Yoshitake
公益社団法人日本医師会名誉会長

COVID-19によるパンデミックは3年余り続き、6億8千万人余りに感染し、約685万人の生命を奪い、人類の生活に大きな影響を与えた。日本でも多くの傷跡を残したが、日常生活への制限がほぼ無くなってきた。原因となったウイルスは野生コウモリの持つウイルスが人間に感染した人獣共通感染症である。

　動物と人の健康を守り、環境の健全性を守っていこうというワンヘルスの考えは、共通感染症の防疫推進や人と動物の絆を確立するとともに平和な社会発展と環境保全に努めるという世界獣医師会世界大会で行われた1993年の「ベルリン宣言」が端緒とされ、2012年に世界医師会と獣医師会はワンヘルスに関する学術協定を結び、日本でもワンヘルスに関する取り組みを開始し、2016年に北九州市で第2回のワンヘルス国際シンポジウムを開催し、日本の取組みを「福岡宣言」として発信した。

　近年、ほぼ10年おきに新しい感染症が起きているので、動物の健康状態や動物における感染症を医師も把握しておかなければならない。感染症の60%は動物から人へ感染する人獣共通感染症であり、感染症が起きる過程で予防できる体制を作ることが重要になる。

　感染症は原因となる病原体を早期に同定し、他に感染させない感染源への対策、感染する経路を遮断する対策、感染しても体内で病原体が定着・増殖しない様な自己免疫能を高める対策で予防することが可能となる。

　また、抗菌薬の耐性菌対策にもワンヘルスのアプローチは重要で、抗菌薬の不適切な使用による耐性菌感染症は人類の未来に暗い影を投げかけている。人への使用法と同様に飼育動物や養殖動物への抗菌剤の使用への教育が重要となる。

　ワンヘルスアプローチにより、動物と人間における人畜共通感染症の発生を防ぎ、食品の安全性とセキュリティを向上させ、抗微生物耐性感染症を減少させ、地球規模の健康セキュリティを保護し、生物多様性と保全を守ることが重要である。

[参考] 福岡県「ワンヘルス "One Health"～人と動物の健康と環境の健全性は一つ～」
https://www.pref.fukuoka.lg.jp/contents/one-health-fukuoka.html

06

DXとスタートアップ推進で
地方の課題解決と成長力強化を

神田潤一 KANDA Junichi

内閣府大臣政務官・衆議院議員

地方は課題の宝庫だ。少子高齢化、過疎化、農林水産業の低迷、事業承継と人手不足、中小企業の生産性などなど、現在のわが国の課題は地方に集中している。逆に言えば、地方こそが成長のフロンティアだ。

変化が速く、不確実性の大きい時代に、こうした課題解決のためにはスタートアップによる柔軟なアプローチが有効だ。課題解決型のスタートアップは「インパクト・スタートアップ」として認知されつつある。政府も、2022年末には「スタートアップ育成5か年計画」を策定し、5年間で10倍の資金流入拡大を目指して取り組みを進めてい

07

デジタルを活かした地方創生

竹村彰通 TAKEMURA Akimichi

滋賀大学長

3年間にわたって続いたコロナ禍による行動制限も終わり、インバウンド旅行も回復するなど、コロナ以前の生活が戻ってきているように感じる。一方で、コロナ禍で生じた変化が定着した面もある。例えば大学におけるオンライン講義は、コロナ禍当初に必要に迫られて始めたものであったが、オンライン講義にはそれなりの利点もあり、現在でも対面講義と併用されている。実は対面講義であっても、学生は教室内でノートパソコンを開いて資料を確認していることもある。遠くの黒板やスクリーンを見るより、手元のノートパソコンのほうが、資料が見やすいからである。企業等でも、定常的な打合せなどは、わざわざ出張せずオンライン会議で済ませることも多くなったと思われる。

このようなデジタル化の進展は地方創生の観点からも重要である。これまで大都会に人が集まったのは、情報の集積のメリットがあったためと考えられる。デジタル化により、大都会の独占的なメリットが一部解消された面がある。一方、地方には豊かな自然や職住近接のメリットがある。実際にリモートワークが許される職種では、地方へのUターンの動きがみられる。筆者が住む滋賀県彦根市は、2019年の日本経済新聞の調査でテレワーク環境充実度が全国1位であった。インバウンド観光においても、SNSなどの情報から外国人旅行者が日本の地方に魅力を感じて訪れている。政府もデジタル田園都市国家構想を進めようとしている。デジタルを活かした地方創生は日本の将来にとって1つの重要な方向性である。

るほか、2023年末にはインパクト投融資に関する官民のコンソーシアムを立ち上げた。地方自治体とも連携して、人材・ネットワークの構築、資金供給の強化と出口戦略の多様性、オープンイノベーションの推進など、エコシステム構築を加速しなければならない。

また政府は、資産所得倍増プランやコーポレートガバナンス改革、資産運用業・アセットオーナーシップ改革などをパッケージとして「資産運用立国実現プラン」を提唱し、その嚆矢として2024年1月から「NISAの抜本的拡充・恒久化」を開始した。これらにより「貯蓄から投資へ」という流れを加速していくが、その連携が重要だ。

つまり、スタートアップにマネーが流入し、地方の課題をDXで解決する。そして投資のリターンが資産所得の拡大となって現役世代・中間層の可処分所得の増加につながる「成長と分配の好循環」を実現しなければならない。

DXやスタートアップの推進による課題の解決をわが国の新たな成長に繋げていくこと。そしてそのフロンティアは地方にあることを改めて国民全体で共有し、強力に推進すべきである。

08 ライドシェア導入は地方を優先すべし!

黒田成彦 KURODA Naruhiko
平戸市長

物流・運送業界における「2024年問題」は、働き方改革による労働条件が課され、人員の確保などの課題が顕在化することである。こうした中、菅義偉前総理が、2023年8月に「ライドシェア解禁」についての言及をしたことから、一気に論争が過熱した。

岸田文雄総理は臨時国会冒頭「地域交通の担い手不足といった深刻な社会問題に対応しつつ、ライドシェアの課題に取り組んでまいります」と所信表明をし、これを受けて、内閣府の規制改革推進会議・地域産業活性化WGにおいて具体的な議論が始まった。

長崎県平戸市では2023年8月末に、中心市街地で営業するタクシー会社（本社は佐世保市）が撤退した。佐世保市の本社が担うバス事業の運転手確保に対応したためだ。そもそも平戸市には市街地のほか、大型架橋でつながる生月地区と田平地区の合計3か所で各タクシー会社が併存していたが、今回の撤退による影響は極めて大きく、船で通う離島生活者や交通弱者である高齢者の移動手段、また深夜帯の飲酒者や外国人観光客への対応など、深刻な懸念材料となっている。

私は全国有志の首長で組織する「ライドシェア小委員会（会長・田中幹夫南砺市長）」のメンバーを代表する立場で、内閣府のWG会議や、超党派の国会議員で組織する勉強会においても切実な現状報告をさせていただいた。

現時点で懸念されている指摘は、既存業界との競合や欧米に見られる暴行事件だが、地方においては、この種の指摘は当たらない。素性の知れた住民が相互に向き合い、保有する能力や資源を分かち合う地方だからこそ規制改革の舞台になりうると確信する。

09
組織横断で、人材のリスキリングが必要

関治之 SEKI Haruyuki
一般社団法人コード・フォー・ジャパン代表理事

2023年、各所で多く聞かれたのは、デジタル人材不足だ。

特に、自治体において人材不足が甚だしく、どこもDX人材の採用には苦労している。都道府県がDX人材のプールを作り共有するなどの動きも出てきた。

外から求めるだけでなく、自組織内での人材育成も考えるべきではないだろうか。そもそも、デジタルツールの活用以前に業務自体の変革の機運自体がないという自治体が多い。従来と違うやり方を提案したら、上司から反対されたという話は枚挙にいとまがない。それでは、外からデジタル人材を入れたところで活躍できる土壌は作れない。DX推進のための部署を作ってそこだけに責任を負わせるのではなく、現場も含めて一体となって業務改革を行う必要があるのだ。

DXのX（トランスフォーメーション）を実施するには、高度技術を持った人材だけではなく、現場の業務

10
地方創生の「次のステージ」のための地方自治体の人事管理

北村亘 KITAMURA Wataru
大阪大学大学院法学研究科教授

少子高齢化・人口減少の中で、未知の感染症対策やデジタル化などの高度専門的な課題への対応や、大規模自然災害への備えから、地方自治体は目を背けてはいけない。特に、行政サーヴィスの現在の質及び量を維持することが困難となる零細な市町村こそ、新しいテクノロジーの活用が求められる。

しかし、高度専門化への対応は、安易な外注化になりがちである。が、零細な自治体では、外注化するための情報も財源も、高度専門性を理解する自治体職員も不足している。任期付かどうかは別として、外部専門人材を採用できる環境は大都市圏にしかない。

さらに、多くの自治体職員が、専門的課題への対応をすべて外部専門人材に丸投げしてしまう。外部専門人材は行政の各領域に精通しているわけではないので、標準的な対応しかできない。その結果、新しいテクノロジーや専門知識の導入は、

に詳しい人材の双方が必要である。

　まずは、現場の人材をリスキリングするための人材育成戦略を作ってほしい。例えば、スキルセットの見える化、評価の透明化、キャリアパスの整備などだ。

　特に管理職層がリスクを恐れて変革人材の挑戦を止めてしまうことが多い。管理職層の思考のアップデートやリスキリングは急務である。

　組織を変革するためには、主体的に考え、失敗を恐れずに挑戦を行う人材が必要だが、そのような行動の発現はモチベーションに大きく依存する。言っていることとやっていることが一致していない組織では職員のモチベーションを引き出すことはできない。

　正しく人を評価することから始めよう。

各領域で中途半端であったり使い勝手の悪いものであったりしてしまうという。

　そこで、特定の業務知識を極めたいと思うような「奇特な自治体職員」には、職務専念義務を緩めて、外部専門人材と一緒に学ぶ機会を週に一度だけでも付与することが必要となる。行政の作動について学んだ入庁10年目以降の自治体職員の一部に、公衆衛生や防災工学、情報技術などを学ぶ機会を与えて専門性への対応能力を高めることで、全庁的に高度専門的な知識が波及する組織的土壌ができるだろう。「奇特な自治体職員」の数も実は少なくない。他方、外部専門人材を都道府県でプールして市町村に貸し出す仕組みも重要だ。なお、デジタル化と人員削減のセットは多くの職員たちの警戒を招くので要注意である。

11 社会課題の解決に、資本市場の多様性を

浅川博人 ASAKAWA Hiroto
三井住友トラスト基礎研究所PPP・インフラ投資調査部上席主任研究員

2023年6月に、フードロス削減を目指すショッピングサイトの運営者である株式会社クラダシが、東京証券取引所に上場した。クラダシは、規格外や賞味期限間近の食品を廃棄せずに取引する場を提供し、公益性の高い企業に対する国際認証「B Corporation」を取得している。クラダシは、B Corporationの認証を受けた企業が日本の株式市場に上場した初の事例である。日本の株式市場において、公益性を重視する企業がどのように評価されるか、注目を集めている。

財務的なリターンと同時に社会的な効果（社会的インパクト）を追求する企業や活動を支援する投資行動を、インパクト投資と呼ぶ。インパクト投資は、英国や米国などでは、貧困、ヘルスケア、犯罪抑止などの社会課題を解決する企業や団体にとって、重要な資金調達手段となっている。日本でも、非上場の企業を対象としたインパクト投資は増加しているが、英国や米国と比較すれば、まだ事例は少ない。これら海外の事例をみると、インパクト投資に参画する投資家には、財務的なリターンを追求する一般的な機関投資家に加え、社会課題の解決を主なミッションとするファンドなども多く含まれていることがわかる。異なる目的をもつ投資家が共存する多様性が、資本市場に存在しているのである。

多くの投資家にとって、リスクに見合った財務的リターンの最大化が最も重要な目的であることは間違いない。しかしながら、インパクト投資を通じて解決できる社会課題は多数存在する。少子高齢化をはじめとした社会構造の変化が先行する「課題先進国」とも言われる日本の資本市場に、インパクト投資を主体的に取り組む投資家を招き入れることは、重要なテーマである。

13 オーバーツーリズムを予防する観光振興に

矢ケ崎紀子 YAGASAKI Noriko
東京女子大学現代教養学部国際社会学科コミュニティ構想専攻教授

2023年の旅行需要は、中国からの旅行者を除いて、国内外とも順調に回復した。地域別外国人宿泊者数は、相変わらず、ゴールデンルート（東京都、大阪府、京都府）と、北海道や沖縄県が上位だ。初回訪問者はその国の首都・古都・商都・世界遺産等を巡るが、訪日リピーターも久しぶりの日本では定番を訪問しているようだ。コロナ禍に旅行者がいない状況を経験した観光地域は、旅行者が地域住民の生活に及ぼす影響に敏感になっている。オーバーツーリズムに関する報道に力を入れているマスコミが住民感情を煽っていることは否めない。

12 地域の包摂的成長を考える

松原宏 MATSUBARA Hiroshi

福井県立大学地域経済研究所所長・特命教授

私が専門とする産業立地の現場では、米中対立、EUとロシアとの関係変化など、動揺する国際政治の影響を強く受ける事例が増えてきている。経済合理性に基づく企業の立地行動やグローバルに構築されてきた空間分業に対して、工場の立地先や原材料の調達先を変更させる動きや「国内回帰」を促す政策を採用する国が増えている。

アメリカやEUにおける「産業政策の復活」に対して、日本でも経済産業省の経済産業政策新機軸部会で、ミッション志向の産業政策などについての議論が続けられている。同部会の中間整理案では、目指すべき経済社会ビジョンにおいて、「経済成長・国際競争力強化および多様な地域や個人の価値を最大化する包摂的成長の両者を実現する」と述べられている。ただし、地域の包摂的成長の意味は、必ずしも明確ではないように思われる。

地域間格差や条件不利地域への政策的対応については、日本でも第2次大戦後の国土政策や産業立地政策で長年取り組まれてきたが、財政的に厳しい現代においては、「どの地域も取りこぼさない」と、言葉でいうことは簡単だが、それを具体的に政策として打ち出すことはなかなか難しい。

私は、個性豊かな多様な地域を包摂して、それぞれの地域が力を出し合うことで新たな成長がもたらされる、イノベーションを起し、地域の競争力を向上させる方向性が重要だと考える。共編書『日本の先進技術と地域の未来』の口絵で示した将来の日本地図によると、人口減少により地域社会を維持していくことが困難な地域が今後広がっていく。包摂的成長を実現する地域と地域との関係はどのようなものか、これまでの経験をもとに、具体的な提案をしていきたい。

ヴェネツィアやバルセロナほどの深刻な状況ではないが、わが国も、旅行者と地域住民のバランスをとり、自然や文化資源の保全と活用を両立させるため、観光振興の舵を切り替えていく必要がある。観光地は来る者を拒むことはできず、一旦集中してしまった旅行者を適正な規模にコントロールすることは極めて難しい。予防対策を含めて、早期に地域での対策が実行されることが望ましい。地域のキャパシティを踏まえ、どこまで旅行者を受け入れるべきかの合意形成は、ビジネスモデルが異なる旅行関連事業者間でも、旅行産業と地域住民の間でも時間を要する。

国と地域が連携して取り組むべきは地方誘客だ。意欲のある地域はコンテンツを磨き、ターゲットに向けた商流を構築する必要がある。アドベンチャー・トラベラーのように、1人あたりの消費額が高く、かつ、地域の自然や文化に対する尊敬の念を持って来訪する旅行者を増やしていくことが大事だ。旅行産業における人手不足が深刻な局面では、地域にとって良質な旅行者を招くという意識への改革も求められる。

14 地域アゴラを推進する

奥村裕一 OKUMURA Hirokazu
一般社団法人オープンガバナンスネットワーク代表理事

市民が主役で社会課題にチャレンジするオープンガバナンスを推進してきて思うことは、古代ギリシャの都市[1]にあった「集会場」つまり「アゴラ」がまだまだ各地で見当たらないことだ。「アゴラ」が成り立つ要件は2つある。1つは人が集まる場所としての空間であり、もう1つはそこで課題解決に向けて議論が沸き起こる魅力的な環境である。

第1の人が集まる空間については、自治体の公共施設があるが、テーブルも四角四面に並んでいたり議論を誘発する雰囲気が少ない。もっと解放感にあふれた、入りやすい使いやすい意見交換しやすい物理的空間が必要である。[2]加えて、このような場所に距離的時間的制約から来場できない人向けに気軽につながるバーチャル環境も整える必要がある。

もう1つの議論誘発の魅力的環境には、斬新な仕掛けが必要である。一番必要なのは、地域の課題をここに集まってくる市民でまとめることとその解決策を市民が模索し実行する実践デモクラシーの仕組みだ。[3]このためには、縁の下の力持ち的調整役が不可欠だ。これを行政から独立した有給の「地域ファシリテーター」（1チーム3人）として公募で募り、候補者に自分のやりたい課題分野と進め方をオンラインで語ってもらい、それを市民の投票で決める。そうして決められた課題について、参加したい市民を案件に応じて抽せんないし公募する。これにも裁判員制度のように一定の日当を支払う。こうして集まった市民は熟議を重ねて理性的な方向性を見いだしていく。課題に関心があって主張したい人はオンラインで意見を自由にいえる仕組みを設ける。

以上の2つの要件を備えた「地域アゴラ」の仕組みと実施の競いあい全国コンテストがオープンガバナンスを深める次の手だてではないかと考えている。

[1] 「チャレンジ!! オープンガバナンス」
https://park.itc.u-tokyo.ac.jp/padit/cog2023/#ptop
[2] 筆者の知る例は限られているが「アーバンデザインセンターびわこ・くさつ」が駅も近く開放的な空間だ。
https://www.city.kusatsu.shiga.jp/shisei/sisetsuannai/community/UDCBK/index.html
[3] 奥村裕一（2023）「実践デモクラシーのすすめ」NIRA『日本と世界の課題2023』
https://www.nira.or.jp/paper/my-vision/2023/issues23.html

15

「隠れたチャンピオン」を輩出する小規模地域から学べること

山本健兒 YAMAMOTO Kenji

九州大学名誉教授

大都市がなければ経済発展は難しいという考えが世界的に有力になって久しい。しかし欧州には、面積が佐賀県程度で1996年末時点の人口約34万人という小規模地域でありながら、しかも国の首都からだけでなく人口100万人超の外国の大都市圏からも遠隔地にありながら、欧州ないし世界のニッチ市場でトップ層に位置する企業、即ち「隠れたチャンピオン」がグローバリゼーション進展下で次々と生まれ成長してきた場所がある。オーストリア最西端のフォラールベルク州である。

その根源的な理由に関してこの数年間現地調査や文献資料などを手掛かりにして探求してきた。その成果を2024年2月初めに、日本学術振興会による学術図書出版助成を得て古今書院から刊行していただいた。社会や経済に関わる現象をたった1つの要因で説明できるということはまずない。しかし、人々が取り結ぶ関係の仕方がその最重要要因の1つではなかろうか、という仮説にたどりついている。それは個人の自由を最大限尊重することを基礎に据えながらも、諸個人が形成する様々なレベルの諸社会（コミュニティ、団体、企業、基礎的地方自治体や州レベルの政府、中央政府など）と諸個人との間での、あるいはそうした諸社会どうしの間での協働を重視する思想である。言うまでもなく、これは集落、地域、国、世界などの各レベルで実現されるのが望ましい。

この思想の淵源はカトリック社会教説に求めることができる。そこではsubsidiarity（補完性）が重視されるが、同時にpersonalityとsolidarityも諸個人と諸社会との間のあるべき関係を築くうえで重視されているし、地球温暖化問題が顕著になってからはsustainabilityも4番目の原理として重視されている。

新しい拙著では論証したというよりも仮説として提起しているに過ぎないが、さまざまな危機に直面してもなおレジリエンスを発揮できる社会（スケールを異にする様々な地域）であるためには、どのような地位にある人と人の間でも、どのような規模の企業どうしの間でも、auf Augenhöhe（眼の高さで、と直訳しうるが「対等に」を意味するドイツ語表現）が信頼を得て成功する鍵であり、イノベーションにつながるアイデアを生み出す鍵であるという考えにつながる。フォラールベルクで「隠れたチャンピオン」と称しうる中堅企業を一代で構築した経営者がそれを重視していたが、2023年9月の現地調査でこの表現を経営者などから耳にすることがあった。フォラールベルクはカトリック社会教説と対等性重視の行動が融合する地域であると考えられる。

16

空き家問題から
エリア価値の向上に向けて

室田昌子 MUROTA Masako
東京都市大学名誉教授／横浜市立大学客員教授

空き家の増加が懸念されている。人口減少・世帯減少社会であることに加えて、これまで地方都市や農山村部に多かった空き家が、今後は大都市やその郊外で急増することが見込まれる。

　2015年の空家等対策特別措置法の施行以降、空き家問題に対して政府は多くの対策を講じてきた。中古住宅の流通促進のための住宅診断や情報サイトの立ちあげ、所有者不明土地への対策や適正管理の促進、相続問題への対応、空き家活用の推進などの多面的な対策であり、2023年の空家等対策特別措置法の改正では、さらに管理不全空家の積極対応、エリア対応なども盛り込まれた。これまでの日本は、長らく建物を新築する新規開発型社会であったが、ここ10数年間で既存建物を有効に活用することを前提としたストック活用社会に大きく政策が転換したといえる。

　空き家の管理活用は、基本的には空き家所有者の責任である。しかし、地域として老朽化が進み空き家が多く発生する場合、個別に活用売却する

17

全ての市民に
アフォーダブル住宅を

大場茂明 OBA Shigeaki
大阪市立大学名誉教授

適正な負担で良質な住宅（アフォーダブル住宅）を全ての市民に保障することは、住宅政策の目標であるが、その達成はたやすいものではない。しかも、住宅需給は地域市場毎に様相を異にする。たとえば、社会住宅（その主体は良質な賃貸住宅）の供給に長年注力してきたドイツにおいても、ハンブルクのような成長都市圏では著しい住宅不足（空き家率0.27%；2022年7月現在）に陥っており、もはや住み替えもままならず、中間所得層をも巻き込んだ住宅窮乏が深刻化している。

　翻って日本の現状はというと、世帯数を大きく上回る住宅が存在するものの、その中には実需を反映しない投資対象であったり、老朽化等の理由で市場に乗せ得ない空き家が多数含まれていたりして、ストックが有効に活用されているとは到底言いがたい。また、持ち家重視の政策基調の下で賃貸住宅に対する公共セクターの関与はきわめて残余的であるため、特に都市部では供給の多くを民間市場に頼らざるを得ない。仲介による中古市

ことが困難となり、有効なストック活用につながりにくくなる。エリアとしての価値のアップが必要であり、早い段階から空き家・空き地を活用し、将来世代のニーズに対応しつつ、地域の魅力づくりや良好な環境形成につなげなければ地域継承が難しい時代を迎えている。

　現在、各地で様々な試みが始まっているが、実験段階の事業や活動も多い。これは行政だけでできるものではなく、地域住民や住民団体、NPO、民間企業、福祉団体、さらに多様な専門家や専門家団体による総合力を結集していく必要がある。既存ストックを次世代に継承するためには多様な人々によるエリア価値の向上が重要であり、この仕組みやノウハウを今後さらに培う必要がある。

場の更なる活性化が期待される一方、家賃規制の安易な導入は不動産投資を阻害するおそれがある。それゆえ、今こそ低所得層向けの対人助成、具体的には住宅手当のような家賃補助制度の導入により賃貸住宅セクターの質的向上を追求するべきである。

　有資格者が必ず受給できるという点で、住宅手当は再配分政策として最も合目的性が高いものである。また、賃貸住宅経営の収益性とアフォーダビリティとを同時に担保する手段としても家賃補助は有効である。それは、借家人に対する支援であるのみならず、零細家主の借家経営の安定化や優良ストックの維持にも寄与し、住宅事情の改善にも資することが出来よう。

IX

不透明さ増す
国際情勢

川島真

園田耕司

矢作弘

関志雄

高口康太

田中修

津上俊哉

林幸秀

田畑伸一郎

松里公孝

河本和子

01

一貫性と柔軟性を維持できるか
——2024年「選挙の年」を迎えて

川島真 KAWASHIMA Shin
東京大学大学院総合文化研究科国際社会科学専攻教授

2024年は「選挙の年」だ。大統領選挙を見ても、1月の台湾に始まり、2月にインドネシア、3月にロシアとウクライナ、11月にはアメリカで選挙がある。このほかに韓国では4月に国会議員選挙がある。日本でも議会選挙があるかもしれない。

これらのうち、日本にとってはアメリカ、台湾、韓国などの選挙が特に重要だろう。各々の候補者の勝敗双方を想定し、事前に関係性を築いた上で、多様なシミュレーションを行う必要がある。2016年のアメリカ大統領選挙に際して在米日本大使館はクリントン陣営だけでなく、トランプ陣営とも関係を築いていたからこそ、勝利直後のトランプ陣営と新たな関係性を築くことができた。

2024年のアメリカ大統領選挙でもトランプ候補が当選する可能性は十分にある。2025年以後のトランプ政権下の日米関係も視野に入れる必要

がある。韓国でも、国会議員選挙で尹大統領の地盤が揺らげば、次期大統領選挙で進歩派が優勢になる可能性もある。そして台湾総統選挙では頼清徳候補有利ではあるが、国民党の侯友宜候補当選の可能性もある。勝者いかんでは中国の関係性も大きく変わる。日本政府、あるいは政党は国民党との関係構築も必要となろうし、立法院（議会）選挙の結果も含めて多様なシミュレーションが必要だ。

どのような事態になっても対応できる柔軟性は重要だ。だが、同時に日本としての対外政策の原則、一貫性もまた維持していく必要もあろう。「法の支配」「インド太平洋」「人間の尊厳」といった理念や、日米安保をはじめとする外交の基礎もある。「選挙の年」を控え、一貫性と柔軟性の双方を担保した対応ができるかどうか、今一度の自己点検が求められよう。

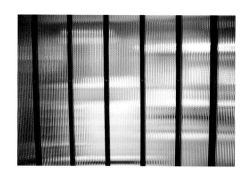

「トランプ2.0」の世界に備えよ

園田耕司 SONODA Koji

朝日新聞政治部次長（元ワシントン特派員）

2024年米大統領選をめぐり、バイデン米大統領とトランプ前大統領が大接戦を繰り広げている。最新の世論調査（米ウォールストリート・ジャーナル紙、11月29日〜12月4日調査）によれば、バイデン氏が43％であるのに対し、トランプ氏は47％。トランプ氏が4ポイント上回っている。最近はややトランプ氏が優勢だが、いずれの調査も＋－5ポイント前後の争いだ。

ただ、米大統領選において最も重要なのが、激戦州の行方だ。計538人の選挙人争奪戦（各州での勝者総取り方式）であり、「レッド」（共和党）でも「ブルー」（民主党）でもない「パープル」の激戦州を制する者が大統領選を制する仕組みとなっている。選挙分析サイト「538」の調査によると、計10の激戦州のうち、現在、バイデン氏有利が3州、トランプ氏有利が6州、同率が1州。前回大統領選の結果（バイデン氏有利7州、トランプ氏有利3州）を覆す優劣の逆転が起きている。

さらに、前回大統領選では、トランプ氏は実際の投票結果の方が世論調査支持率より4〜7ポイント高い傾向にある。「隠れトランプ支持者」と言われる現象だ。激戦州支持率、そしてこの「隠れトランプ支持者」の存在をもとに分析すれば、きょう大統領選の投開票日を迎えれば、トランプ氏勝利の可能性大だ。

もちろん実際の投開票日はこれから1年近く先であり、何が起きるかわからない。しかし、少なくとも現段階でトランプ氏勝利の可能性が高い以上、私たちは「トランプ2.0」の世界に備える必要がある。

トランプ氏が大統領に再選すれば、「Anything But Biden」を加速させ、バイデン政権の政策を断ち切ることを重視するだろう。ロシア・ウクライナ戦争をめぐっては、プーチン大統領と一方的に和解を進め、ウクライナ支援から手を引くかもしれない。一方、中国との間では制裁関税をさらに引き上げて貿易戦争を激化させ、台湾をめぐる軍事的緊張も高まる可能性がある。

私たち日本にとって最も深刻なのは「アメリカ・ファースト」の復活だ。日本は、ほかの米国の同盟国・友好国との連携強化を図り、「これまでにない最大の戦略的な挑戦」と位置づける中国に対してのみならず、「内向し、不安定化するアメリカ」という安全保障上の脅威にも備えなければいけない。

03

カリフォルニアが決める
──「分断国家」アメリカのゆくえ

矢作弘 YAHAGI Hiroshi
龍谷大学フェロー

昨今のアメリカ理解のキーワードは「分断国家」である。D.トランプが乱舞し、分断が極地にある。しかし、対極でカリフォルニア（CA）のG.ニューサム知事は「CAがアメリカを一元化する」「CA基準をユニバーサルにする」「時代の羅針盤になる」と喧伝

する。サンフランシスコ市長時代に州法に反して同性婚を認めるなど屈強な民主党リベラル派である。

CAの経済規模がドイツを抜いて世界4位になった、というニュースが流れた。州内総生産はGDPの13%、人口は12%を占める。知事は「CA共和

04

米中デカップリングから
日中デカップリングへ

関志雄 KWAN Chi Hung
野村資本市場研究所シニアフェロー

2018年に貿易摩擦から始まった米中経済対立は、その後、拡大と深化の一途を辿っており、常態化している。両国とも、それへの対応を経済安全保障上の最優先課題として位置付けており、総合的対策を講じている。これを背景に、米中の間では、モノ、ヒト、カネ、技術、情報などの面において、デカップリング（分断）が急速に進んでいる。一方、日本は米国と同調して、経済安全保障戦略を進め、中国をけん制しようとしている。

各国政府が進めている一連の経済安全保障の強化策に対応するために、日本企業は、対中ビジネスを中心に、情報収集、サプライチェーン上のリスク点検、社内の情報管理などに力を入れて、コンプライアンスとリスク管理体制を強化しなければならない。しかし、サプライチェーンが国境を越えて複雑に絡み合っていることに加え、取引制

限の対象となる財・サービスと取引先の範囲も頻繁に変更されるため、こうした対策の実施に当たり、人材や資金など、膨大な資源の投入が必要である。

また、多くの日本企業は、中国への依存度を減らそうと、調達先と輸出先の多元化、グローバル研究開発・生産体制の見直しなどを通じて、サプライチェーンの再構築を進めている。これを背景に、日本の貿易と直接投資に占める中国のシェアは、2021年以降、低下している。

このように、米中デカップリングに続き、日中間においてもデカップリングの兆候が表れ始めている。日本にとって中国が最大の貿易相手国であり、両国経済がサプライチェーンで深く結ばれているため、日中デカップリングの進行は、輸出市場の縮小と輸入価格の上昇などを通じて、日本経済に大きな打撃を与えかねない。

国（州旗に明記されている）」を言明し、「この経済力をフルに駆使し、分断に挑む」と共和党支配のレッド州に「宣戦布告」──妊娠中絶、銃規制、気候変動、移民の受け入れ、ジェンダー問題…など、保守派と対立する施策をめぐって徹底的にリベラルな政策を連発している。「拒否すれば、CAでビジネスするのを邪魔するぞ！」という恫喝付きである。「CA効果」を援用し（→CAの市場支配力をテコに使い）、CAが描く世界を連邦標準に押し上げる戦略である。

バイデノミクスは環境保全や労働運動に親和的だが、J.ブラウン前知事以来の、CAのリベラリズムを踏襲している面がある。実際のところバイデン政権では、CAにゆかりの高官（副大統領、財務長官……）が多数派である（拙稿『図書』岩波書店2021年9月）。ここにも「CA効果」がある。

20世紀末前後にCA共和党は混乱、弱体化し、しばらくしてCAはリベラル派民主党の堅固な牙城になった（選挙で選ぶ高職は両院を含めて民主党が支配）。CAが「アメリカのゆくえを示す羅針盤」ならば、今、混乱と分裂を繰り返す連邦共和党は衰弱し、もっとリベラルなブルーの時代が到来する?!

05 "期待"を取り戻せるか、世界経済における中国リスク

高口康太 TAKAGUCHI Kota
ジャーナリスト／千葉大学客員准教授

中国経済の減速が気がかりだ。2023年夏前に一気に停滞感が広がった。2021年から続く不動産不況もさらに深刻化し、販売額の減少や不動産デベロッパーのデフォルトなどネガティブなニュースが相次いだ。長年にわたり世界経済のエンジン役だった中国が失速すれば、日本にも大きな影響を与える。

冷静に判断すると、政府の財政余力、利下げの余地、金融システムの強靱性を見れば中国経済が一気に悪化することは考えづらい。一方で中国人企業家や投資家、そして一般の人々から聞こえてくるのは強烈な悲観論だ。久方ぶりの本格的な不景気を前に過剰なまでにネガティブになっているようにも思えるが、そうした不安が投資や消費のブレーキにつながるようになれば、負のサイクルに入りかねない。

象徴的な事象が"住宅ローンの繰り上げ返済ブーム"だ。銀行窓口がパンクするほどの勢いとなり、中国政府は既存住宅ローンの利下げを推奨する対策を打ち出す騒ぎとなった。低い金利でまとまった額が借りられる住宅ローンは一般市民にとっては重要な金融ツールであり、たとえ手元資金に余裕があっても繰り上げ返済などもってのほか、その分を別の投資に回せば利益が得られた。有望な投資が見つからないため借金を減らしたほうが合理的と判断する人が多いことが"ブーム"につながった。この動きがさらに拡大し、個人から企業にいたるまで債務削減に邁進するようになれば、「バブル経済崩壊後の日本」の再現となる。

この事態を防ぐためには経済の先行きにポジティブな期待を与え、自信を取り戻すことが必要だ。それができるのか。中国のみならず、世界経済にとっても重要な分水嶺となる。

06 中国経済は2024年が正念場

田中修 TANAKA Osamu
拓殖大学大学院経済学研究科客員教授

中国経済は2023年1−3月まで順調に回復していたが、4−6月に急速に回復が鈍化した。このため7月以降、政府は経済テコ入れ策を連打した。民営経済の発展・壮大化促進に始まり、民間投資の促進、消費の回復・拡大、外資の誘致強化、貸出金利の引下げ、住宅ローンの緩和、預金準備率の引下げ、減税・費用引下げ政策の継続・最適化、1兆元の国債増発等、毎週のように政策が打ち出された。このこともあり、経済は7月に底を打って、8−9月に再び回復が加速した。22年10−12月の経済のベースが低いため、国家統計局は、23年10−12月の成長率が4.4％以上であれば、年間目標の5％は達成可能としていたのであり、不動産市場で大きな混乱が発生するようなことがなければ、5.2％の成長の達成は可能であった。

しかし、2022年にコロナが再流行し、厳格なゼロコロナ政策が適用されたこと、2020年以降プラットフォーム企業・不動産企業・受験関連企業等に厳しい規制・指導が入り、これらの民営企業の経営が悪化したことにより、中国の潜在成長率の低下が加速された可能性があり、23年は5％超の成長を達成できても、24年に5％超の成長を達成することは、非常に難しくなっている。今後中国が潜在成長率を維持していくためには、外資の積極的導入と企業とりわけ民営企業の旺盛な設備の更新・技術改造投資、研究開発投資が必要であるが、外資企業・民営企業の中国経済の将来の発展への確信は、かなり揺らいでいるように思われる。大事なことは、今後長期にわたり、民営企業・外資企業の発展への支援を続け、企業・企業家の財産権・合法権益を確実に保護する方針を、明確に打ち出し、着実に実施していくことであろう。

08 岐路に立つ中国の科学技術

林幸秀 HAYASHI Yukihide
公益財団法人ライフサイエンス振興財団理事長

中国の科学技術は、その圧倒的なボリュームにより世界を牽引している。[1] 2019年から2021年までの科学論文生産において、中国は総数だけでなくトップ10％論文数、トップ1％の論文数の全てにおいて世界トップである。また、世界一流の学術誌に掲載された論文数をカウントしたNature Indexでも、中国は米国を凌駕している。これを支える研究開発費では、米国が約73兆円で世界1位、中国が約59.1兆円で2位と米国に近づきつつあり（2021年）、研究者数で見ると、世界1位は中国で228.1万人（2020年）、2位は米国で158.6万人（2019年）と米国を上

07

先の見えない世界

津上俊哉 TSUGAMI Toshiya
日本国際問題研究所客員研究員

昨年（2023年）は中国の景気悪化が強く感じられた年だった。しかし、民営企業にとっては、景気の悪化は既に2017年から始まっていた。不動産不況や地方財政難も、不効率な投資を重ねて経済成長を嵩上げしてきたやり方がついに限界に達したという意味で、目新しいことではない。

中国にとって、この10年でいちばん大きな変化は、中国人の心に起きたと思う。5、6年前のいっとき「西側諸国はもはや黄昏、これからは中国の時代だ」と高揚感に浸った中国人が、一転して日本の「失われた10年」になぞらえられるような閉塞感に苛まれるようになった。その起伏の大きさは、後世中国の歴史を著すときに必ず取り上げられるトピックになるはずだ。

今、一部の中国人は「それでも中国は米国より

はマシ」ということを心の慰めにしている。「停滞期に入った中国にこれから何が起きるか不安だが、米国は下手をすれば今年の大統領選挙を巡って内乱に陥るのではないか、中国よりも早く……」と感じているのだ。

米中どちらが先により大きな災難と混乱に見舞われるかはわからないが、経済にせよ政治にせよ、両超大国が先の見えない壁にぶつかっていることは、世界を不安にさせる。

昨今は人類の営みが地球環境に対して巨大で持続困難な変化を及ぼしたことに着眼して、「人新世」という言葉が語られる。「人類はこのままでは済まない」という不吉な予感と危機感が込められた言葉だ。しかし、不穏なのは地球環境だけではない。どうやら今の世界はひとつの時代の終わりを迎えようとしているのではないか。

回っている。

しかし、ハイテク開発やイノベーションについては、まだ中国は米国や欧州と互角とは言い難い。ここ数年の中国の脅威を受けて、米国などの西側諸国は経済安全保障の強化に大きく舵を切った。これにより中国のハイテク開発が大きな影響を受けている。また、中国の有為な研究者・学生が依然として米国を目指していることを考えると、中国の今後の科学技術の発展には西側諸国との交流が不可欠である。

中国の科学技術の今後の懸念は、経済の行方である。米国、欧州諸国などによる貿易上のデリス

キング、ロシアのウクライナ侵攻や中東情勢による世界的なエネルギー危機など、中国経済を取り巻く国際環境は非常に厳しい。国内的にも、生産人口の減少、不動産バブル崩壊の懸念といった難問が、中国経済の足を引っ張る可能性がある。中国が、この様な経済の状況に直面して、これまで通り米国や欧州諸国などに伍して科学技術を発展させられるかどうか、その場合日本への影響はどうか、注意深く見守っていく必要がある。

[1] 中国の科学技術「Overview of Science and Technology in China」
　　https://china-science.com/overview/

たくさんのロシア人を日本に招いたらどうか

田畑伸一郎 TABATA Shinichiro

北海道大学名誉教授

　ロシアのウクライナ侵略は、一向に終わりが見えない。外務省がロシアへの渡航中止勧告を続けているなかで、ロシア人との交流の機会は、ソ連時代と同じくらいまで狭まっているのではないだろうか。しかし、幸いにも、ロシア人を招聘することについては公式の制限がないので、ロシア人の研究者や学生は、数は減っていると思われるが、今でも日本の大学に来ている。いつになるか分からないものの、必ずやって来るプーチン後のロシアとの関係再構築を考えるならば、むしろロシア人の招聘を今こそ大幅に拡大すべきではないだろうか。

　とりわけ学生は将来のロシアを引っ張っていく人材であり、日本のことをよく知るロシア人が

カラバフ共和国の滅亡
──露ウ戦争拡大の危険

松里公孝 MATSUZATO Kimitaka

東京大学大学院法学政治学研究科教授

　ウクライナの反転攻勢の失敗後、停戦やむなしという意見が西側でもウクライナでも広がっている。むしろこれからの危険は、露ウ戦争がコーカサスや環黒海の火薬庫地帯に火をつけることである。その例が、ソ連解体以来、アゼルバイジャンから事実上独立してきたアルツァフ（カラバフ）共和国の滅亡（2023年9月）である。

　第1次カラバフ戦争中にカラバフが占領していたアゼルバイジャン内地を返還することと引き換えにカラバフの事実上の独立を認める修正マドリード原則が、2010年代半ばまでにOSCEによって形成された。しかし、バクー─ジェイハン・パイプラインの開通により膨大な石油収入を得、トルコとNATOの援助の下、軍拡を進めていたアゼルバイジャンは、これに同意しなかった。

　その後、シリア戦争でロシア、トルコ間の協調が進んだ。2018年、アルメニアでは4月革命が起き、軍事外交に全く無知なポピュリストのパシニャン政権が成立した。これをチャンスと見たアゼルバイジャンは2020年9月に第2次カラバフ戦争を始めて大勝、全占領地とカラバフ本体の南部2郡を奪還した。11月9日停戦協定で、ロシアの平和維持軍がアゼルバイジャンとカラバフ残部を分けることになった。

　露ウ戦争が始まると、トルコとその弟分のアゼルバイジャンに対するロシアの立場はますます弱くなった。アゼルバイジャンは2022年9月にアルメニア本土に侵攻、約150平方キロメートルを占領した。アルメニアも加盟する集団安全保障条約機構（ロシア中心の軍事同盟）がアゼルバイジャンを批判しなかったため、パシニャンはEUに乗り換えた。EUの強い示唆の下、パシニャンは「カラバフはアゼルバイジャンの主権下にある」と認めてしまった。これを口実に、ロシアの平和維持軍はアゼルバイジャンの停戦協定違反に対処しなくなり、カラバフの運命は決まったのである。

プーチン後のロシアを立て直していくことは、日本にとっても大きな利益になる。また、日本では様々な分野で人材不足が指摘されているなかで、能力が高いと評価されてきたロシア人の学生は即戦力としても役に立つであろう。

2013年10月の安倍・プーチン会談（インドネシア・バリ）[1]では、安倍が「現在、日本で学ぶロシアからの留学生は約300人、ロシアで学ぶ日本人留学生は約100人に留まっていることを指摘したうえで、2020年までにそれぞれ5倍に増やすことを目指したい旨述べ」、プーチンも賛同したと伝えられている。その後、世界情勢は様変わりしたが、2022年5月1日現在のロシアからの留学生数は1,000人弱である（国別に見て18位）[2]。これをせめて2000年の目標であった1,500人に近付けることを提案したい。文科省だけでなく、ロシアとの交流のためのお金を持っていた各大学や自治体は、そうしたお金を、こうした若いロシア人の招聘にどんどん使ったらどうであろうか。

[1] 外務省「日露首脳会談（概要）（平成25年10月7日）」
https://www.mofa.go.jp/mofaj/kaidan/page18_000067.html
[2] 独立行政法人日本学生支援機構（2023）『2022（令和4）年度 外国人留学生在籍状況調査結果』
https://www.studyinjapan.go.jp/ja/_mt/2023/03/date2022z.pdf

11 愛国心をいつ発揮するのか

河本和子 KAWAMOTO Kazuko
一橋大学経済研究所ロシア研究センター専属研究員

国を愛するとはどういうことか。国に対する態度で分ければ、何があろうと常に支持する態度と、苦言を呈することを辞さない態度とを区別できるだろう。

ロシアの政府系世論調査機関である全ロ世論調査センターによると、自身を愛国者と考える人の割合は世代を問わず一貫して高い。違いが出るのは愛国者の意味である。複数回答で、愛国者は「国について真実を、どんなにつらいものだろうと語る」を選ぶ者が2020年以降増加し、2023年には3割を超えた。世代差があり、2023年調査では18〜24歳の年齢層で50%が真実を語るを選んでいる。また、やはり2023年の調査で「愛国者は、たとえロシアが正しくないとしても、常にロシアを支持しなければならない」という見解に賛成する者は全世代で55%いるが、18〜24歳ではむしろ反対が55%を占める。不都合な真実を語り反発する気概のある人々が特に若い層にいることになる。

回答に影響を与えた可能性のある出来事として、2022年以降であればウクライナ戦争を想起せざるを得ない。しかし、民間世論調査機関レヴァダ・センターによると、戦争についてもっとも耳に痛いことを言いそうな18〜24歳の若者は、全世代中もっともウクライナ情勢に関心を持っていない。関心が薄ければ苦言の呈しようもない。もちろん、政権の抑圧的な姿勢が、戦争に反対であれ、より好戦的であれ、態度表明をさせにくくしている面もあろう。

こうした状況から考えてみると、たとえば、批判しうる論点から目をそらしたり、認識できなかったりする場合、苦い真実を語る用意のある愛国者と盲目的な愛国者は言動から区別できない。つまり、批判的愛国者は直面する問題を選ぶところから愛国心を試されている。

初出 ——— NIRA総研
「日本と世界の課題2024　転換点を迎える日本と世界」
2024年1月18日公表
https://www.nira.or.jp/paper/my-vision/2024/issues24.html

[NIRA総研とは]
NIRA総合研究開発機構（略称：NIRA総研）は、わが国の経済社会
の活性化・発展のために大胆かつタイムリーに政策課題の論点
などを提供する民間の独立した研究機関です。学者や研究者、
専門家のネットワークを活かして、公正・中立な立場から公益
性の高い活動を行い、わが国の政策論議をいっそう活性化し、
政策形成過程に貢献していくことを目指しています。研究分野
としては、国内の経済社会政策、国際関係、地域に関する課題を
とりあげます。

監修 ——— 谷口将紀
企画 ——— 神田玲子
編集 ——— 榊麻衣子
スタッフ ——— 遠藤裕子、三和忍

日本と世界の課題 2024
新しいシステムを模索する

2024年 6月20日 発行

編集 ——— 公益財団法人NIRA総合研究開発機構
発行 ——— 公益財団法人NIRA総合研究開発機構
　　　　　〒150-6034　東京都渋谷区恵比寿4-20-3
　　　　　恵比寿ガーデンプレイスタワー34階
　　　　　Tel ——— 03-5448-1710
　　　　　Fax ——— 03-5448-1744
　　　　　E-Mail —— info@nira.or.jp
　　　　　Website —— https://www.nira.or.jp
　　　　　Facebook —— https://www.facebook.com/nira.japan

発売 ——— 株式会社時事通信社
　　　　　〒104-8178　東京都中央区銀座5-15-8
　　　　　Tel ——— 03-5565-2155
　　　　　Fax ——— 03-5565-2168
　　　　　Website —— https://bookpub.jiji.com/

デザイン ——— 土屋光 (Perfect Vacuum)
撮影 ——— 山根陽穂 ※ 識者ポートレートは除く

印刷・製本 —— 大日本法令印刷株式会社

日本と世界
の課題 2024

新しいシステムを模索する